誰もが認める実力店長シリーズ ①

実力店長の
パート・アルバイト
採用編

ディー・アイ・コンサルタンツ 編著

同友館

はじめに

　店長にはやることがたくさんある。あれもしなければこれもしなければと考えながらも日々の業務に追われてしまうことも多い。何か新しいことに挑戦しようと思ったり、もっと今の職場を良くしようと考えたりしても、具体的にどうして良いのか分からないことも多いのではないだろうか？
　本書に述べていることは「あるべき論」ではなく、店長が「すぐに使え、確実に効果がでる」ものばかりを選別した。現場で必要なこと、現場で悩んでいることをすぐに解決できる内容である。目の前のことを1つ1つ解決できなければ、結局は大きなことにチャレンジはしにくい。本書を参考に、まずは目の前の課題から解決していこう。
　最初から通して読んでも良いし、自分の気になるところだけを読むだけでも構わない。とにかく興味を持ったところから読み進めてほしい。そして、参考になった箇所はすぐに実践しよう。必ず効果が出るはずだ。
　本書の中で、大切なポイントについては繰り返し繰り返し述べていく。
　それでは早速一緒に考えていこう。

【基本的な考え方】

　本シリーズ全巻を通して前提となる基本的な考えがある。この考えを踏まえたうえで読み進めて欲しい。

《考え方1：店長の仕事》

　「店長の仕事」を一言でいうと何だろうか。それは、「適正な利益を確保し続ける」ことである。それはなぜだろうか。利益を確保することによってお店を存続させ、お店が存続することにより会社を存続することにつながっていく。そして、利益を出すことによって新たに出店し、会社をより大きくす

ることが可能なのだ。会社が大きくなればそれだけ人を採用することもできるし、私たちの待遇もより良い方向に進めていくことができる。

　また、利益を確保することによって税金を納め、税金を通して地域に貢献することもできる。したがって、私たち店長の仕事＝責任を一言で言えば「適正な利益を確保すること」である。

　ここでのポイントは「適正」な「利益」を確保することである。何が何でもムリをして利益を出すことが大切なのではない。ムリもせずに、言い変えるならば「お客様」「従業員（自分も含めて）」「会社」にムリやメイワクを掛けずに利益を確保することが大切なのである。ムリをしていては継続して利益が出ない。

《考え方２：利益のピラミッド》

　店長の仕事＝責任は「適正な利益を確保すること」はいま述べた通りである。では、利益を出すために必要なことは何だろうか？　それは「売上」である。売上が横ばいや下がっているなかで利益を出し続けることは難しい。利益を無理なく出し続けるためには「売上」を上げていくことが必要である。

　「売上」を上げていくためには何が必要だろうか？　売上はお客様によってもたらされる。来店されたお客様が何度も繰り返し来店していただくことによって客数が上がり、売上が維持向上されていく。そのためには、最低でもお客様に嫌な思いをさせない（不満を感じさせない）ことが大切なのだ。そのために必要なのは「顧客満足」であり、来られたお客様に不満を与えず、満足していただくことである。

　「顧客満足」を得るためにはどうすればよいだろう。あなたが一人で働いているお店であれば、自分ひとりが気をつければ良い。

　だが、私たちは複数の人が集まって仕事をしている。すると時にはお客様に不満を与えてしまうこともある。それを解消するために必要なのが周りのスタッフに対する「教育・訓練」である。

図表1　利益のピラミッド®

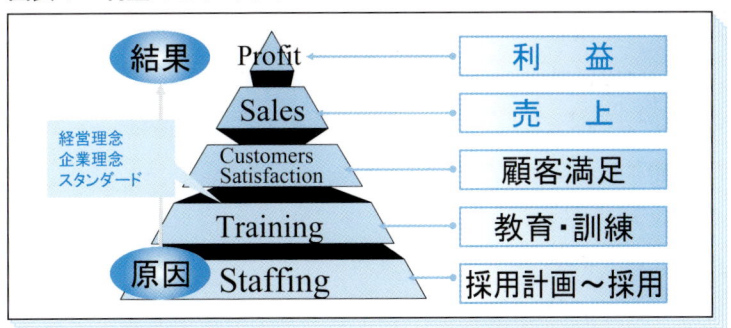

　この「教育・訓練」では「会社の理念（経営理念・企業理念）・店舗方針・お店のスタンダード（当たり前のことを当たり前にする）ことを伝え、実践していくこと」である。難しく考えずに、会社・店舗の考え方や方向性を繰り返し伝え、やらなければならないことは何かということを教えて、実行させることである。こうすることで来店されたお客様は不満を感じないお店ができる。

　「教育・訓練」をする前に大切なのは「人の確保＝採用・定着」である。適正な人数がいなければお客様への対応が十分にできず、また、教育も十分にできず、顧客満足も得られることはない。

　図表1のように採用計画を立て、「適正人数を採用し、やめさせない」。その上で「教育・訓練」を実施し「顧客満足」を得られ続けるお店にする。その結果「売上」「利益」を確保し続けることができるのだ。

　私たちに常に求められるのは「利益＝結果」である。結果を出すためには、採用、教育の土台を徹底しておこなうことが基本となる。このシリーズはこの利益のピラミッドに基づいて構成されており、それぞれの項目を具体的に詳しく解説していく。今回は利益のピラミッドの一番下の土台となる「採用」に目を向けて見ていこう。

【本書の使い方】

　本書は一章ずつ独立している。したがって、必ずしも最初から読み進める必要はない。自分の解決したい箇所だけ読んでもらってかまわない。今すぐに知りたいこと、解決したい箇所のみ読み進めて欲しい。

　どこから読んでも、あなた自身が望む結果を出すためには行動することだ。1つの章の中の全てを実行する必要もない。自分が気になったものだけを取り出し、1つずつ進めることである。また、どこからでも読めるように、一部重複している箇所もある。

　本書は大きく2つの内容になっている。

1　読み物

　1つのテーマに対して「基本的な考え方」⇒「具体的な進め方」⇒「まとめ」⇒「ポイント」で構成されている。考え方を読み、具体的な進め方では気になる箇所のみ読んでもかまわない。ただし最後のポイントだけは、しっかりと押さえることだ。

2　ツール

　各テーマに対して実際に効果のでるツールを紹介している。読み物を読んでからツールを活用するとより効果が発揮できる。また、このツールのみを活用しても効果があがる。気になったものはどんどん活用していこう。

★必ず行動（実践）すること

　繰り返しになるが、行動（実践）することで結果がでる。気になったもの、興味をもったものからぜひ実践して欲しい。図表をふんだんに載せているので、そのまま活用してもらってもかまわないし、自店舗、自社に合ったやり方に変えて使ってもらってもかまわない。とにかく行動することだ。読んだだけ、考えているだけでは結果は出ない。

【本書のねらい】

　本書では皆さんと一緒に「採用」について考えていく。適正な人数を確保し続けることが店舗運営の土台となる。人がいなければ何も始まらないのだ。そこで、

　①　必要な時期に必要な人数を集めるための事前準備方法
　②　効果的・効率的な募集方法
　③　自店にあったパート・アルバイトを採用する面接方法
　④　入社したパート・アルバイトを定着させる方法
　⑤　退職するパート・アルバイトを顧客にする方法
　⑥　入社したパート・アルバイトを超短期に育成する方法

について1つずつ解説していく。

　①～⑥までを今の現状に照らし合わせて、必要なところから見ていってもかまわない。だが最終的には、すべてが連動してはじめて継続して結果が出てくる。そして、本書はピラミッドの基本となる部分だけに、順番はいろいろな所から始めたとしても、是非とも最後は全ての項目に取り組んでほしい。

●目　　次●

はじめに ……………………………………………………………… 1

Ⅰ　採用前準備 ……………………………………………………… 11
　　～人を集める前に店舗で行うこと～

　1　パート・アルバイト採用計画 ………………………………… 12
　　　「計画を立て、確実に人を集める事前準備」
　2　採用のチャンスを逃がさない ………………………………… 26
　　　「自店に合った採用計画データの集め方」

　| すぐに使える簡単ツール：採用準備表
　「確実に採用できる時期を見極める」 | …… 36 |

Ⅱ　募集方法 ………………………………………………………… 39
　　～効果的・効率的に人を集めるために～

　3　これで人材獲得に困らない …………………………………… 40
　　　「友人紹介・店頭告知による採用の仕方」
　4　人が集まる採用の仕方 ………………………………………… 50
　　　「有料求人誌で人を集めるポイント」

　| すぐに使える簡単ツール：募集記録表
　「お店の採用傾向をつかむために記録する」 | …… 60 |

Ⅲ 面　接　……………………………………………………… 63
〜自店に合った人を採用するために〜

5　人財確保と戦力化 …………………………………………… 64
　「失敗しない面接法」

> すぐに使える簡単ツール：面接手順書
> 　「誰が面接しても基準のズレをなくすために」　…… 79

Ⅳ 定　着　……………………………………………………… 83
〜入社したパート・アルバイトを早期に辞めさせずに長く働いてもらうために〜

6　30分間オリエンテーションと5分間フォローアップ ……… 84
　「すぐに辞めさせないためのオリエンテーション」

> すぐに使える簡単ツール：店舗ルール
> 　「やってほしいことを明確にする店舗ルール」　…… 97

> すぐに使える簡単ツール：スタッフボード
> 　「新人パート・アルバイトを仲間にするためのスタッフボード」　…… 100

Ⅴ 退　職　……………………………………………………… 103
〜辞めていくパート・アルバイトをお客様にするために〜

7　円満な退職法 ………………………………………………… 104
　「辞めていくパート・アルバイトを店舗の顧客にするために」

8　問題あるパート・アルバイトへの対処法 ………………… 112
　「よりよい店舗にするために」

目　次

> すぐに使える簡単ツール：フィードバックカード
> 「提案を通してパート・アルバイトに気づきを促す」 …… 121

Ⅵ　超短期育成 ……………………………………………… 125
〜パート・アルバイトを短期間で戦力にするために〜

　9　パート・アルバイトを1週間で戦力にする ………… 126
　　「超短期トレーニング」

> すぐに使える簡単ツール：目標カード
> 「短時間で新人パート・アルバイトを戦力にするツール」 …… 137

　10　店舗ルール …………………………………………… 140
　　「新人パート・アルバイトをトレーニングし売上アップをはかる」

Ⅶ　チェックシート ………………………………………… 157

おわりに ……………………………………………………… 161

Ⅰ　採用前準備

～人を集める前に店舗で行うこと～

I　採用前準備

1　パート・アルバイト採用計画
「計画を立て、確実に人を集める事前準備」

　パート・アルバイトが集まる、集まらないと一喜一憂する前に、どんな時代背景でも人が集まる店作りを行うのために、今までの募集方法を見直してみよう。そのためには、募集を実施する前にしっかりとした準備をすることだ。準備をすることで集めやすくなる。
　準備は大きく分けると2つ。「採用計画」と「事前チェック」である。

《基本的な考え方》

　あなたのお店のパート・アルバイトの人数は何人だろうか。おそらく多くの会社では、お店で働いている従業員の80％以上がパート・アルバイトだろう。今後、人件費等の関係でも、お店においてパート・アルバイトの占める割合が急激に減ることはない。
　したがって、私たちはお店の責任者としてパート・アルバイトをコントロールできなければ、お店や会社の発展はまず見込めない。店舗運営をするうえで、お店に適正な人数を常に確保しなければならないし、人がいなければ何も始まらない。まずは適正な人数を確保することが土台となる。
　この部分をきちんと理解して取り組まないと今年1年、いやこれから先、あなたが店長でいる限り、毎年同じ悩みで苦労することになる。最初にあなたの取り組みについてチェックシートをつけてみよう（図表2）。
　もし、1つでも○がついたならば、まずは土台である人の採用、それも準備について見直すことである。土台がしっかりしていない可能性がある。
　とくに採用の大原則をしっかりと頭に入れて欲しい。募集し、採用するこ

図表２　チェックシート：当てはまるものに○をつけてみましょう

1	人がいなくなってから募集活動をはじめている	
2	採用計画を立ててもムダだと感じている	
3	採用計画を立てたことがない	
4	採用後１ヶ月以内の退職者が多い	
5	募集をかけるまえの受入態勢をしっかりと準備していない	
6	採用後店舗レベルが一時的に下がることがある	
7	採用からひとりでできるまでのトレーニング期間を把握していない	
8	効果的な媒体を把握していない	
9	集まりやすい時期を把握していない	
10	リクルートの大原則はと聞かれて答えられない	

※○が１つでもついたなら、採用について見直すことです。

ともひとつだが、その前に大切なのは「辞めさせないこと」である。辞めさせなければ人を採用する必要はなくなる。そして辞めさせないためには事前準備が大切になるのだ。つまり、今働いているパート・アルバイトが辞めたいと思わない環境を事前に作っておかなければならないのである。

《具体策》

【採用計画】

　募集を行う前にやらなければならないことは、採用計画を立てることである。採用計画といっても１年間の計画を立てるのではなく、これから２～３ヶ月先までを考える。１年先まで考えても事情の変化によって計画変更が多々起きてしまい、意味がなくなる。

　次に、採用計画を作成する中であなたが考えることは、店舗の初期トレーニング期間である。採用し入社してから一人で仕事ができるようになるまで（戦力化されるまで）どれくらいの期間かかるかを把握しよう。

　店舗によっては入店してから戦力になるまで１ヶ月かかる、あるいは２ヶ月かかるなど期間が違ってくる。採用計画はこの初期トレーニング期間を考慮する。つまり戦力になるまで２ヶ月かかるのであれば、２ヶ月先の採用計

Ⅰ　採用前準備

画を立てるということだ。

　例えば今が8月であれば10月の人員状況を見据えた採用計画を立てる。初期トレーニング期間が1ヶ月であれば9月の人員状況を見据えた計画を立てるということである。

　採用計画を立て、人を計画的に採用し、十分なトレーニングをする。その結果、お店に来られたお客様に不満を与えず、一緒に働いているスタッフにも無理な負担が掛からなくなる。最初に行うのは採用計画を立てることである。

【採用計画の立て方】

　採用計画では、まず店舗の適正人数を算出する（図表3）。適正人数の出し方は、先ほどの初期トレーニング期間を考慮し、戦力化される月の売上目標（実現可能な数字）を出す。そして、その売上目標を適正人時売上で割る。するとその月に必要な店舗全体の社員を含む月間総労働時間が算出される。

図表3　採用計画

		1月	2月	3月	4月	5月	6月	7月	8月	9月	10月
①	売上計画	10,000,000									
②	適正人時売上	5,000									
③	適正人数	18人									
④	予想退職者数	2人									
	今月	11月	12月	1月	2月	3月	4月	5月	6月	7月	8月
⑤	実働P／A人数	16人										
⑥	必要人数 ③+④-⑤	4人										
	採用人数											

　③　適正人数＝A÷B
　　　A（売上計画÷適正人時売上）－社員時間数

　　A〔10,000,000（売上計画）÷5,000（適正人時売上）〕－200（社員労働時間：1名）
　　B　100（パート・アルバイト一人当たり平均労働時間）
　　適正人数＝A÷B
　　⇒A＝1,800時間（パートアルバイト総労働時間）
　　　B＝100時間（パート・アルバイト一人当たり平均労働時間）
　　　A÷B＝1,800時間÷100時間＝18人（適正人数）

2～3ヶ月先（自店のトレーニング期間により設定）の採用予定を立てることが大切です。
上記の表のように計算するか最低でも
2～3ヶ月先の「適正人数」、「退職者数」と「必要人数」を把握するようにします。

そこから社員の月間実労働時間を引くとパート・アルバイトの月間総労働時間がでてくる。これを1ヶ月の1人あたりの平均パート・アルバイト労働時間で割ることにより、その月の適正人数が出る。適正人数にその月の退職予定者を足して実際の在籍人数を引くことによって採用の必要人数が出てくる。この必要人数を募集することである。

　これを毎月行っていく。いきあたりばったりではなく、計画を立てた上で募集活動を行うことで、適正人数が揃い、あらゆる面で余裕をもつことができ、あなた自身も店長としての時間をつくることができる。

【事前準備】

　募集を掛けて人が集まったとしても、入店したパート・アルバイトがすぐに辞めてしまうようでは意味がない。穴のあいたバケツやザルで水をすくうようなもので、これではいくらすくってもすくってもこぼれてしまう。

　先ほど述べたように、リクルートの大原則は採用したパート・アルバイトを辞めさせないことである。辞めなければリクルートする必要も少なくなる。そのために、募集する前には受け入れ体制ができているかどうか事前準備チェックをおこなう。これは、募集前に新人パート・アルバイトが辞める原因を店舗から取り除くための準備である（図表4）。

　それではそれぞれの事前準備チェックリストのポイントをみていこう。

■事前チェック1：設備

　最初のチェックはお店の設備面である。チェック表に従って確認していき、また、合わせてクレンリネスチェック表（図表5）を用いると、より詳しく設備、環境をみていくことができる。

　チェックする際に見落としがちなのが事務室や休憩室である。リクルートの場合、面接や、オリエンテーションなどは事務室や休憩室でおこなうことが多いし、勤務につく際にはいやでも使うことになる。客席や売り場などは比較的きれいに保っていても、事務室や休憩室は整理整頓されていないこと

Ⅰ 採用前準備

図表4(1) 店舗環境チェックリスト（飲食用）

設備関係				
	項　　目		OK・NG	改善したこと
問1	店舗は常に整理整頓されており、クリンリネスが行き届いているか？	厨房		
		バックヤード		
		事務室・休憩室		
問2	空調機器は正常に動いているか？	エアコン		
		換気扇		
		給排気		
問3	蛍光灯は切れていないか			
問4	休憩室は清掃が行き届き、休憩できる環境になっているか？			
問5	問1～4がNGの場合の原因は分かっているか？			
問6	以下の備品は、休憩室にそろっているか？	鏡（出来れば全身）		
		時計（時間の合っている）		
		ゴミ箱		
		灰皿		
		ラジオ・テレビ		
		椅子＆テーブル		
		掲示板		
問7	機器類の中で、故障、破損しており、パート・アルバイトが危ないと感じている機器はないか？			
問8	あなたがパート・アルバイトだったら、自店のこの設備で問題なく働けるか？			
採用準備				
問1	社員は、パート・アルバイトの採用活動をいつから行なうかを知っているか？			
問2	パート・アルバイトは、店舗で、新人募集していることを知っているか？			
問3	電話の近くに応募者リストは置いてあり誰もが対応できるようになっているか？			
問4	面接は、社員全員が実施できるか？また、今回の担当者は決まっているか？			
問5	採用者の基準や必要な時間帯の意思統一は出来ているか？			
問6	面接チェックリスト（採用者の基準）は出来ているか？			
問7	面接チェックリストが何処にあるか全社員知っているか？			
問8	筆記用具は使える状態で用意してあるか？			
問9	オリエンテーション可能日が決まっているか？			
問10	効果的なオリエンテーションのプログラムはあるか？			
問11	店舗規則（ハウスルール）は決まっており、皆の見える場所に掲示してあるか？			
問12	雇用契約書等、採用に必要な書類の予備はあるか？			
その他				
問1	18歳未満を採用した際、保護者の確認は取れるシステムになっているか？			
問2	評価面接の頻度は決まっているか？			
問3	評価面接の内容は評価者全員で意思統一できているか？			
問4	今回採用予定数は何人か決まっているか？			
問5	今回採用予定数は全社員で意思統一できているか？			
問6	ユニフォーム貸し出しのシステムは、確立しており、在庫があるか（在庫数を記入）			
			男性	女性
	厨房　名	M		
		L		
		LL		
			男性	女性
	ホール　名	M		
		L		
		LL		
問7	トレーニング用ツールはあるか？			
問8	あなただったら自店でアルバイトしたいか？もしくは知人に紹介できるか？			

図表4(2) 店舗環境チェックリスト（小売用）

設備関係				OK・NG	改善したこと
	項　目				
問1	店舗は常に整理整頓されており、クリンリネスが行き届いているか？		店内		
			倉庫		
			事務室・休憩室		
問2	エアコン等、空調設備は正常に動いているか？		店内		
			バックヤード		
			事務室・休憩室		
問3	蛍光灯は切れていないか				
問4	休憩室は清掃が行き届き、休憩できる環境になっているか？				
問5	問1～4がNGの場合の原因は分かっているか？				
問6	以下の備品は、休憩室にそろっているか？		鏡（出来れば全身）		
			時計（時間の合っている）		
			ゴミ箱		
			灰皿		
			ラジオ・テレビ		
			椅子＆テーブル		
			掲示板		
問7	機器類の中で、故障、破損しており、パート・アルバイトが危ないと感じている機器はないか？				
問8	あなたがパート・アルバイトだったら、自店のこの設備で問題なく働けるか？				
採用準備					
問1	社員は、パート・アルバイトの採用活動をいつから行なうかを知っているか？				
問2	パート・アルバイトは、店舗で、新人募集していることを知っているか？				
問3	電話の近くに応募者リストは置いてあり誰もが対応できるようになっているか？				
問4	面接は、社員全員が実施できるか？また、今回の担当者は決まっているか？				
問5	採用者の基準や必要な時間帯の意思統一は出来ているか？				
問6	面接チェックリスト（採用者の基準）は出来ているか？				
問7	面接チェックリストが何処にあるか全社員知っているか？				
問8	筆記用具は使える状態で用意してあるか？				
問9	オリエンテーション可能日が決まっているか？				
問10	効果的なオリエンテーションのプログラムはあるか？				
問11	店舗規則（ハウスルール）は決まっており、皆の見える場所に掲示してあるか？				
問12	雇用契約書等、採用に必要な書類の予備はあるか？				
その他					
問1	18歳未満を採用した際、保護者の確認は取れるシステムになっているか？				
問2	評価面接の頻度は決まっているか？				
問3	評価面接の内容は評価者全員で意思統一できているか？				
問4	今回採用予定数は何人か決まっているか？				
問5	今回採用予定数は全社員で意思統一できているか？				
問6	ユニフォーム貸し出しのシステムは、確立しており、在庫があるか（在庫数を記入）				
				上着	エプロン
	男子　　　名		M		
			L		
			LL		
				上着	エプロン
	女子　　　名		M		
			L		
			LL		
問7	トレーニング用ツールはあるか？				
問8	あなただったら自店でアルバイトしたいか？もしくは知人に紹介できるか？				

Ⅰ 採用前準備

図表5(1)　クレンリネスチェック表（飲食店用）

実施店舗名		
日付　　年　　月　　日		
チェック者名		
項　　目	チェック○×	改善内容
看板汚		
入り口階段周辺		
玄関ガラス		
ホール全体の消臭		
レジ周辺（整理整頓）		
フロアー汚れ		
照明灯ほこり		
店内蛍光灯		
店内壁掲示物		
換気扇・扇風機ほこり		
テーブル上汚れ		
カスターセット汚れ		
テーブルメニューはがれ		
テーブル荷物置き場		
クーラーフィルター		
トイレ壁面		
トイレ陶器		
冷凍冷蔵庫内（整理整頓）		
冷凍冷蔵庫フィルター		
倉庫・食在庫整理		
床汚れ		
排水溝汚れとにおい		
グリストラップ内		
バックヤード（整理整頓）		

図表5(2) クレンリネスチェック表（小売用）

実施店舗名		
日付　　年　　月　　日		
チェック者名		
項　目	チェック○×	改善内容
看板汚		
入り口周辺		
入り口のガラス		
店舗全体の消臭		
レジ周辺（整理整頓）		
床汚れ		
照明灯ほこり		
店内蛍光灯		
店内壁掲示物		
換気扇・扇風機ほこり		
棚上汚れ		
壁よごれ		
チラシ（整理整頓）		
POPはがれ		
プライスカード		
バックヤード（整理整頓）		

がある。自分達は見慣れてしまっているために多少汚れていても気にしないが、初めてきた人にとって見れば、事務室が乱雑であるとそれだけで店舗全体の印象が非常に悪くなり、辞める原因となる。

　次に、機器類のチェックが必要である。お店で長く働いていると機器類の多少の故障は構わずに使ってしまっていることが多い。例えばガスコンロの点火装置が壊れており、点火するのにライターを使う、電源が入らないものをそのままにしておくようなことである。非常に些細なことでも新しい人は

Ⅰ　採用前準備

敏感に感じる。

　もし、今現在不備があるならば、この機会に修理してしまおう。設備面は多少汚れていても当たり前、多少壊れていても当たり前、多少無くても当たり前という状況を改善し、新人パート・アルバイトだけではなくお客様に迷惑をかけないように必ず一通り確認し、決して妥協しない。

■事前チェック２：採用活動準備

　あなたがリクルートの準備（募集広告の依頼など）を自分自身でおこなっている場合、自分では全てを把握していても、周りの社員やパート・アルバイトが全く知らないという事態が起こりうる。

　毎日自分がいるから周りの人に教えなくても大丈夫と考えている人はいないだろうか。

　一緒に働いているパート・アルバイトが知らされていなければ応募者に対して親切に丁寧な扱いをすることもできない。はっきり言って全員がいい思いをしない。募集することが決まったならば必ずそのことを全員（新しいパート・アルバイトも含めて）に告げるべきである。このことが実は一番大切なことである。

　全従業員に募集に関する情報が共有されているのかを調べるのがこの事前チェックの採用活動準備の１つである。チェックするとともに、電話を受けた時から面接の日時を決定するまでの流れを、誰もが同じ基準でスムーズにできるようにしておこう。

　第１に、電話が来たときの電話対応表（図表６）を作成する。これによって誰が受けても答えられるようにする。第２に、電話を受けた時点で面接のできる日時（図表７）を決められるリスト作成しておく。第３に今回の募集の概略を記したレジメを用意し、決して「今、担当者がいませんので、あとで掛け直してください」や「面接の日時は後でご連絡します」という失礼のないようにしたい。パート・アルバイトを募集しているのはあなたのお店だけではないのだ。

1 パート・アルバイト採用計画

図表6　パート・アルバイトの応募電話対応表

応募者からの電話対応はこの表に沿って行ってください。スケジュールへ転記して下さい。よろしくお願いします。

　　　　　　　　　　　　　　　　　　　　　　　　　　　　年　　　　月

パートアルバイト応募電話対応表

項　目	対応のポイント	対　応　例
電話のお礼	電話を頂いたことへのお礼をいいます。うつむかないようにします。	お電話ありがとうございます。お待ちしておりました。
名前の確認	名前を聞きます。復唱確認すること。	早速ですが、お名前から教えていただけますか？
現在の状況	現在の状況を聞きます。声の感じで主婦、学生など使い分けます。また、高校生の場合、学校の許可を確認します。	学生さんでいらっしゃいますか？学校名を教えて下さい。
電話番号	後日確認する場合に備えて電話番号を聞きます。復唱確認すること。	連絡先を教えて下さい。
仕事の簡単な説明	誤解がないよう、仕事の内容を簡単に説明します。相手の質問には出来るだけ答えて下さい。	今回は○○を販売していただく方を募集しております。
面接日と時間	面接日時は受け付けた人が決めます。お店のピークは出来るだけはずします。	それでは、是非一度面接に来て頂きたいのですが、○月○日の××時はいかがでしょうか？
場所の説明	お店の位置を伝えます。先方がFAXを持っているならば、案内図に日時の確認を入れてお送りします。	当店は○○線の○○駅中央改札口を出て、書店の横の道を5分歩いて、道路と交差する角にあります。
当日の面接者	店長または副店長のスケジュールを確認し、面接者を伝えます。	当日は、店長の小野がお待ちしております。履歴書に写真を貼ってお持ち下さい。
感謝の気持ち	最後に電話を頂いたことへのお礼をいいます。不安な場合はもう一度日時を伝えておきます。	それでは、お待ちしております。本日は、お電話ありがとうございました。
スケジュールへの記入		

Ⅰ　採用前準備

図表7　パート・アルバイト面接スケジュール表

受付日	受付者	氏　名	現在の状況	電話番号	面接日	時間	面接担当者
4／1	鈴木	タカハシ　ナオト	学生		4月12日	10:00	鈴木
／					／	:	
／					／	:	
／					／	:	
／					／	:	
／					／	:	
／					／	:	
／					／	:	
／					／	:	
／					／	:	
／					／	:	
／					／	:	
／					／	:	
／					／	:	
／					／	:	
／					／	:	
／					／	:	
／					／	:	
／					／	:	
／					／	:	
／					／	:	
／					／	:	
／					／	:	
／					／	:	
／					／	:	

また、面接する際のチェックリストや、雇用契約書等、採用するにあたっての準備がきちんとできているかも確認し、後になって慌てないようにしておこう。

■事前チェック３：その他
　ここでは早期退職させないために採用後の環境が整っているかどうかの確認である。18歳未満の方を採用する際の保護者に確認する方法や、採用後の評価面接の基準などが決まっているかをチェックする。
　次の評価面接の頻度、また基準の統一は採用後に特に大切なことである。入店したばかりのパート・アルバイトは仕事を覚えるという目的があるが、日がたつにつれて自分がどうすれば上のランクや、もしくは時給が上がるのかが具体的にわからなければやる気をなくして辞めてしまう。また、仮に評価基準があっても全員の評価が違うのであれば、評価基準がないのと同じことである。基準をつくるとともに、基準が全員一致しているのかを把握することである。
　次に、ユニフォーム管理である。必ずパート・アルバイトの入店初日までには用意すること。働きに来てユニフォームがなかったら、あなた自身のパート・アルバイトに対する接し方が疑われる。新人のパート・アルバイトに合うサイズがなかったり、ユニフォームないからといって他人のユニフォームを代用しているようでは長く続くわけがない。ユニフォーム管理表を用いて在庫量の把握も必ずしておく。
　大切なのは自分や店舗の都合で判断しないことだ。自店の都合ではなく、あくまで応募者の視点でみてもらいたい。今日はたまたま汚れていたなどの言い訳を応募者に聞かせてもしょうがない。
　また、お店にパート・アルバイトが定着しないのは休憩室がないからだ、事務所が狭いからだ、という意見を耳にするが、実際にそのような理由で続かない人は数少ない。それよりは休憩室や事務所が掃除されていない、整頓されていないから辞めようと思うのだ。普段慣れてしまっている人はそれで

いいかもしれないが、外から見れば整理・整頓ができていない状態は、実際には大きなマイナスポイントになっている。

　あなたが、お店を異動してきた際に、前の人は何をしていたのだろうと思った経験はないだろうか。実際に長い間お店にいると最初の印象は薄れてしまい、自分の都合で物事を見ることになってしまう。他の店舗にいくとあらばかりみえ、逆に自分のお店の悪いところは見えなくなってしまうものである。必ずこの事前準備チェックを行って、せっかくの採用した人をみすみす逃がすようなこと（早期離職）はしないでもらいたい。

　仕事に対してやる気のある人間ほど店舗の様子に敏感である。最初の印象で他の人に対して「あの店はひどかった」などと悪い口コミを生むことにもなりかねない。安易に考えないことだ。

　事前準備でのポイントは、あなた自身が考えられる最高の環境を用意することである。最高の環境とは18頁の図表4の設備関係の「問8」と、その他の「問8」にその答えがある。あなた自身がパート・アルバイトとしてあなたのお店の設備で問題なく働けるだろうか。また、あなた自身が自分のお店でパート・アルバイトとして働きたいと思うだろうか。あなたのお店に自分の家族や友人にいいお店と紹介できるだろうか。

　最高の環境とは、あなた自身が働きたいと思える店、自信をもって紹介できるお店のことである。この2つは毎日チェックしてほしい。

　そして、このリクルート事前チェックリストも自分の店舗にあった内容を自分で作ると、さらに効果的である。

《まとめ》

　店舗にとって大切なのは人である。人がいなければ何の行動もできない。まずは適正な人数がいてこそ次の行動へと進められ、新たな活動も可能なのである。いきあたりばったりのやり方で採用しているのであれば、この機会に改めてほしい。

　採用計画など、今までやってこなかった人は、最初はとまどうかもしれな

い。また、最初はうまくいかないこともある。だからといってそこであきらめるのではなく、自分で改良を加え、やり方を変え、自店にあったものを作って欲しい。これからの時代は、新しいことに挑戦できる人間だけが生き残っていくのである。まずこの状況下で同じことをしていたら衰退するのみである。新たなことにチャレンジするからこそ、今までのやり方が良かったのか、もしくは変えたほうがいいのかがわかるのである。

　計画を立てても人が集まらなかったとしても「やっぱりね」で終わらせるのではなく、もう一歩踏み込んで新たな方法を考えて欲しい。

《ポイント》
1　リクルートの大原則はやめさせないことを理解すること
　　どんなに人を集めても、すぐに辞めていってしまうのではお店が安定しない。まずは辞めさせないことを徹底しよう。
2　採用計画を立て計画的に行うこと
　　いきあたりばったりの採用ではお客様にも店舗スタッフにも迷惑をかけてしまう。採用計画を用いて計画的に採用すること。
3　事前チェックリストで受け入れ体制を整えること
　　自分のお店のことは客観的に見られないことが多い。チェックリストを用いて客観的にお店を見て、応募者の視点で受け入れ体制をつくろう。

I　採用前準備

2　採用のチャンスを逃がさない「自店に合った採用計画データの集め方」

　店舗でいろいろと考え、さまざまなことを実行していく中で、大切なのは「人」である。一人ひとりをトレーニング（教育・訓練）することによって店舗全体のレベルがアップし、最終的には「目標利益」を達成する。

　だが、その前に重要なのは必要な人数が常に揃っていること。そのためには人を計画的・効率的に集められるかどうかである。

《基本的な考え方》

　まずは必要人数を必要な時期に揃えること。あなたのお店は計画的に人を集められているだろうか（図表8）。

　人が足りなくなってから募集活動をしているようではなかなか思うように集まらない。人手不足⇒お客様に不満を与える⇒客数減⇒売上減⇒人件費の

図表8　チェックシート：当てはまるものに○をつけてみましょう

1	お店の適正人数を把握している	
2	初期のトレーニング期間がどれくらいかかるかを理解している	
3	退職予定者を把握している	
4	採用計画を立てている	
5	募集活動後、結果を記録している	
6	募集活動の結果からどの募集方法が効果的なのかを把握している	
7	有料の募集活動を行った際の費用と効果をおさえている	
8	どの時期が人が集まりやすいのかを知っている	

※○は何個つきましたか？　全部○でなければ、工夫することで、より効果的な募集をすることができます。

コントロール⇒従業員に不満を与える⇒人手不足……と負の循環をしてしまう。

人の安定が売上の安定にもつながる。計画的に人を集めることを考えていこう。

【採用計画】

事前準備の1つは採用計画をまず立てる。立てていないのであれば、まずは採用計画を立てよう（図表9）。それが良い人を集める第一歩である。

【募集結果を記録する】

採用計画を立て、募集活動を行ったならば、必ず結果を記録することである。募集活動を実施した後、そのままやりっぱなしにしていることが多いが、募集活動の結果を記録することで、次回の募集に生かすことができる。

図表10のように募集を行った際には必ず記録をつけていくようにしよう。するとどういったやり方で人が集まったのかが分かるようになる。店頭ポスターならば店頭ポスターの写真を貼り、有料求人誌ならばその資料を貼る。そのうえで結果を記録していく。

応募や採用件数の多かった時の募集内容等の成功事例も集めることができ、同じ失敗をせずに次に活かすことができる。

【募集結果を整理する】

募集結果を記録したならば、次に募集結果を整理していく。図表11のように、月間ごとに、どの募集方法で、応募（問い合わせを含む）が何名か、面接が何名か、そして採用が何名かを明確にしていく。これを整理するだけでもデータを次に生かすことができる。

そして、大切なのは募集費用がいくらかかったかということだ。募集費用を応募者で割ると1人の応募（問い合わせ）にいくら掛かっているのかがわかる。次に募集費用を採用した人で割ると1人採用するのにいくら掛かって

I　採用前準備

図表9　採用計画表

募集対象月	月	月	月
適性人数			
退職予定者数			
今月	月	月	月
在籍人数			
必要人数			
リクルート人数			

【適正人数の算出法】
①募集対象月の売上目標÷適正人時売上＝店舗の月間必要総労働時間
②店舗の月間必要総労働時間－社員労働時間
　　　　　　　　　＝パート・アルバイトの月間必要総労働時間
③パート・アルバイトの月間必要総労働時間
　　　　　　　　÷月間パート・アルバイト一人当り労働時間＝適正人数

例）
募集対象月：10月
売上目標：1000万円
適正人時売上：5000円
社員：200時間×2人
パート・アルバイトの月間1人当りの平均労働時間：60時間
1000万円÷5000円＝2000時間
2000時間－400時間＝1600時間
1600時間÷60時間＝27人（四捨五入）
適正人数：27人
初期トレーニング期間を2ヶ月とすると…

募集対象月	10月	月	月
適性人数	27人		
退職予定者数	1人		
今月	8月	月	月
在籍人数	25人		
必要人数	3人		

必要人数の算出法
適正人数＋退職予定者数－在籍人数＝必要人数
例）
27人＋1人－25人＝3人

2　採用のチャンスを逃がさない

図表10(1)　募集記録表

【募集記録表】				
200　年　月				
媒体名	【　　　　】掲載日　月　日(　)〜　月　日(　)			

掲載記事のページまたは店頭ポスターの写真を張ってください。

問い合わせ件数	件	面接人数	人		
採用人数	人	採用比率	％		
掲載費用	円　備考：				
採用単価	円/1人当り	採用比率	％		
採用担当者名： メンバー評価等		採用者氏名	入社年月	退社年月	在籍期間

※掲載するごとに、このシートに記入します。
※記入後、このバインダーに保管します。
※次回掲載時にこのデーターを参考に、どの媒体を使用するか決定します。

Ⅰ 採用前準備

図表10(2) 募集記録表の使い方

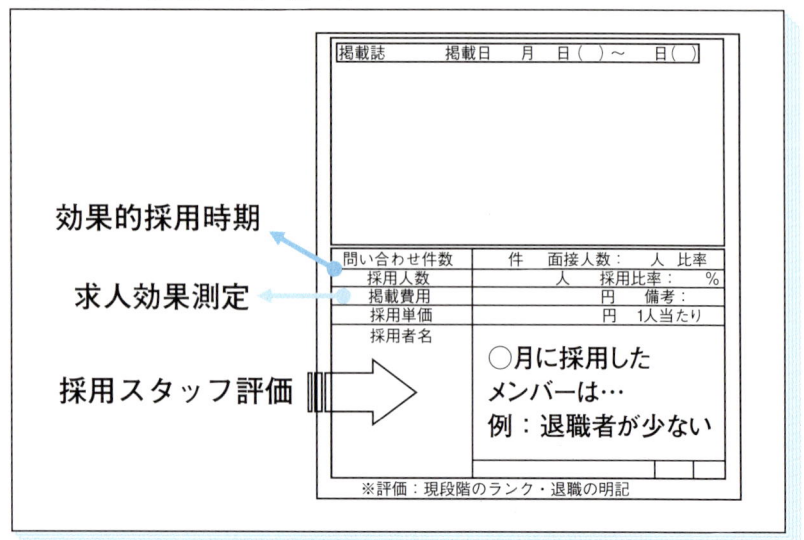

　いるかが把握できる。これを行うことにより、どの時期にどの募集方法が効果的なのかがわかる。

　とても単純だが、この記録があるかないかによって、効果的な採用活動ができるかどうかが決まってしまう。募集活動を行った結果は必ず整理することだ。

【自店舗の効果的な募集方法を探る】

　人の採用で苦労している店舗は多い。だが正直な話、この募集方法が最も効果的だと言える方法はない。自分のお店では何が効果的なのかは自分で見つけるしかないのだ。

　同じ会社の同じ業態の店舗でも、地域が違えば効果的な募集方法は変わってきてしまう。同じ路線でもたった一駅違うだけで、同じ募集をかけても結果が変わってきてしまうことがある。また、時期が違えば同じ募集方法でも応募や採用件数が大きく変わってきてしまう。

2 採用のチャンスを逃がさない

図表11　200X年リクルートコスト状況

	1月				2月				3月				4月				5月				6月				小計			
	コスト	応募者数	面接者数	採用者数	コスト	応募者数	面接者数	採用者数	コスト	応募者数	面接者数	採用者数	コスト	応募者数	面接者数	採用者数	コスト	応募者数	面接者数	採用者数	コスト	応募者数	面接者数	採用者数	コスト	応募者数	面接者数	採用者数
友人紹介		1	1	0		1	1	0		1	1	0		8	7	2		4	4	1		4	4	2	0	19	18	5
店頭告知		2	2	1		2	2	0		1	1	0		4	4	0		6	5	1		9	6	2	0	24	20	4
フリーペーパー					30,000	4	4	2	30,000	2	2	1	30,000	2	2	0	30,000	3	2	1					120,000	11	10	4
新聞折り込み					50,000	1	1	0	50,000	8	8	3	100,000	9	7	2	50,000	3	2	0	50,000	3	2	1	300,000	24	20	6
ハローワーク																									0	0	0	0
チラシ																									0	0	0	0
合計	0	3	3	1	80,000	8	8	2	80,000	12	12	4	130,000	23	20	4	80,000	16	13	3	50,000	16	12	5	420,000	78	68	19

	7月				8月				9月				10月				11月				12月				小計			
	コスト	応募者数	面接者数	採用者数	コスト	応募者数	面接者数	採用者数	コスト	応募者数	面接者数	採用者数	コスト	応募者数	面接者数	採用者数	コスト	応募者数	面接者数	採用者数	コスト	応募者数	面接者数	採用者数	コスト	応募者数	面接者数	採用者数
友人紹介		2	2	0		3	3	1		1	1	1		1	1	0		2	2	1		1	1	1	0	10	10	4
店頭告知		5	5	1		6	6	2		9	6	2		2	2	0		2	2	0		3	1	0	0	27	22	5
フリーペーパー	30,000	12	8	2	30,000	7	7	2	30,000	6	5	4	60,000	2	2	1	30,000	1	0	0					180,000	28	22	9
新聞折り込み	100,000	7	7	2					50,000	2	2	0	100,000	8	4	1									250,000	17	13	3
ハローワーク																									0	0	0	0
チラシ																									0	0	0	0
合計	130,000	26	22	5	80,000	16	16	5	80,000	18	14	7	160,000	13	9	2	30,000	5	4	1	0	4	2	1	430,000	82	67	21

	合計			
	コスト	応募者数	面接者数	採用者数
友人紹介	0	29	28	9
店頭告知	0	51	42	9
フリーペーパー	300,000	39	32	13
新聞折り込み	550,000	41	33	9
ハローワーク	0	0	0	0
チラシ	0	0	0	0
合計	850,000	160	135	40

どの媒体から、どの時期に集まりやすいのかが分かるようにする。費用（コスト）に対する効果をみていく。

効果的な方法は自分で見つけるしかない。その方法は今まで見てきたように、募集結果の記録をつけ、整理することで見つけることができる。
　図表12のように1年間記録をつけることで、**自店舗の傾向、つまり、どの時期にどの募集法が効果的なのかがわかるようになる**。もし、去年の募集データが残っているのであれば今すぐに作成してみよう。これがあるといろいろなことが見えてくる。
　例えば、図表12の場合、12月に募集を掛けても効果がないことがわかる。ならば、思い切って翌年の4月まで募集を見送るか、反対に前倒しで10月に募集を掛けた方が良いということがわかってくる。これだけでも効果的な募集ができる。

【リクルートの大原則】

　自店舗にあった効果的な採用方法について考えてきた。繰り返しになるが、残念ながら自分のお店の効果的な募集方法は自分で見つけるしかない。本やネットでの情報は大まかな傾向であり、自店舗に完全に当てはまることはない。
　募集活動を行ううえでは、リクルートの大原則「人を辞めさせないこと」も考えて欲しい。人が辞めなければ募集も採用もする必要がない。そのためにもう一度自分のお店を振り返ってみよう。
　採用した人を受け入れる体制ができているかどうか定期的にチェックできているだろうか、オリエンテーションは行っているだろうか、店長であるあなたは一人ひとりに声掛けや定期的な評価面談の実施など一緒に働いている人たちを認める環境を作り出しているだろうか。
　いくら人を募集し採用しても、辞めさせない環境ができていなければ「ザルで水をすくう」のと同じである。ここを忘れないで欲しい。辞めさせない一番の方法はあなたが一人ひとりに積極的にコミュニケーションをとることである。そして、その人に合ったレベルの仕事を与えることである。

2 採用のチャンスを逃がさない

図表12　200X年度　リクルート対応状況

募集方法		1月 応募	1月 面接	1月 採用	2月 応募	2月 面接	2月 採用	3月 応募	3月 面接	3月 採用	4月 応募	4月 面接	4月 採用	5月 応募	5月 面接	5月 採用	6月 応募	6月 面接	6月 採用
友人紹介	人数		1	0		1	0		1	0	8	7	2		4	1		4	2
	比率	3.4%	3.6%	0.0%	3.4%	3.6%	0.0%	3.4%	3.6%	0.0%	27.6%	25.0%	22.2%	13.8%	14.3%	11.1%	13.8%	14.3%	22.2%
店頭告知	人数	2	2	1	2	2	0	1	1	0	4	4	0	6	5	1	9	6	2
	比率	3.9%	4.8%	11.1%	3.9%	4.8%	0.0%	2.0%	2.4%	0.0%	7.8%	9.5%	0.0%	11.8%	11.9%	11.1%	17.6%	14.3%	22.2%
フリーペーパー	人数	0	0	0	4	4	2	4	4	2	2	2	0	4	4	1	0	0	0
	比率	0.0%	0.0%	0.0%	10.3%	12.5%	15.4%	5.1%	6.3%	7.7%	5.1%	6.3%	0.0%	7.7%	6.3%	7.7%	0.0%	0.0%	0.0%
新聞折り込み	人数	0	0	0	1	1	0	8	8	3	9	7	2	3	2	1	3	2	1
	比率	0.0%	0.0%	0.0%	2.4%	3.0%	0.0%	19.5%	24.2%	33.3%	22.0%	21.2%	22.2%	7.3%	6.1%	0.0%	7.3%	6.1%	11.1%
ハローワーク	人数	0	0	0	0	0	0	0	0	0	0	0	0	0	0	0	0	0	0
	比率	0.0%	0.0%	0.0%	0.0%	0.0%	0.0%	0.0%	0.0%	0.0%	0.0%	0.0%	0.0%	0.0%	0.0%	0.0%	0.0%	0.0%	0.0%
チラシ	人数																		
	比率																		
全体	人数	3	3	1	8	8	2	12	12	4	23	20	4	16	13	3	16	12	5
	比率	1.9%	2.2%	2.5%	5.0%	5.9%	5.0%	7.5%	8.9%	10.0%	14.4%	14.8%	10.0%	10.0%	9.6%	7.5%	10.0%	8.9%	12.5%

募集方法		7月 応募	7月 面接	7月 採用	8月 応募	8月 面接	8月 採用	9月 応募	9月 面接	9月 採用	10月 応募	10月 面接	10月 採用	11月 応募	11月 面接	11月 採用	12月 応募	12月 面接	12月 採用	トータル 応募	トータル 面接	トータル 採用
友人紹介	人数	2	2	0	3	3	0	1	1	1	1	1	1	2	2	1	1	1	1	29	28	9
	比率	6.9%	7.1%	0.0%	10.3%	10.7%	11.1%	3.4%	3.6%	11.1%	3.4%	3.6%	7.7%	6.9%	7.1%	11.1%	3.4%	3.6%	11.1%			
店頭告知	人数	5	5	1	6	6	2	9	6	2	2	2	0	1	1	0	3	2	0	51	42	9
	比率	9.8%	11.9%	11.1%	11.8%	14.3%	22.2%	17.6%	14.3%	22.2%	3.9%	4.8%	0.0%	3.9%	4.8%	0.0%	5.9%	2.4%	0.0%			
フリーペーパー	人数	12	8	2	7	7	2	6	5	4	1	1	1	1	0	0	0	0	0	39	32	13
	比率	30.8%	25.0%	15.4%	17.9%	21.9%	15.4%	15.6%	15.4%	30.8%	5.1%	6.3%	7.7%	2.6%	0.0%	0.0%	0.0%	0.0%	0.0%			
新聞折り込み	人数	7	7	2	0	0	0	2	2	0	8	4	1	1	0	0	0	0	0	41	33	9
	比率	17.1%	21.2%	22.2%	0.0%	0.0%	0.0%	4.9%	6.1%	0.0%	19.5%	12.1%	11.1%	2.6%	0.0%	0.0%	0.0%	0.0%	0.0%			
ハローワーク	人数	0	0	0	0	0	0	0	0	0	0	0	0	0	0	0	0	0	0	0	0	0
	比率	0.0%	0.0%	0.0%	0.0%	0.0%	0.0%	0.0%	0.0%	0.0%	0.0%	0.0%	0.0%	0.0%	0.0%	0.0%	0.0%	0.0%	0.0%			
チラシ	人数																			0	0	0
	比率																					
全体	人数	26	22	5	16	16	4	18	14	7	13	9	2	5	4	1	4	2	1	160	135	40
	比率	16.3%	16.3%	12.5%	10.0%	11.9%	10.0%	11.3%	10.4%	17.5%	8.1%	6.7%	5.0%	3.1%	3.0%	2.5%	2.5%	1.5%	2.5%			

どの媒体から、どの時期に集まりやすいのかが分かるようにする。
応募数、面接数、採用数からみていく。

《傾向として》
友人紹介は年間を通して反応がある。特に4月・5月・6月の反応が高い。
店頭告知も年間を通して反応がある。特に6月・8月・9月の反応が高い。
フリーペーパーは7月・8月・9月の反応が高い。
新聞折り込みは3月・4月・7月の反応が高い。
全体の傾向としては4月-7月の反応が高い。

I 採用前準備

《まとめ》

　私たちが望むような人の採用が難しい状況が続いている。誰もが効果的な募集方法を見つけたいと思っている。ところが大変だと思いながらも行動をしていないことが多い。各店舗によって効果的な募集方法は違っている。これは自分自身で見つけ出すしかない。そのために記録をつけていくこと、そして記録を元に分析し実践することである。

　これは決して難しいことではない。継続して実施することにより効果的な募集方法を見つけることができる。そして、リクルートの大原則を決して忘れないで欲しい。採用しても辞めていく環境であれば募集活動の意味がなくなってしまうだろう。

　店舗で必要な時期に必要な人数を揃えるのに大切なことは、事前準備とともに過去の結果を記録し分析することである。

《ポイント》

1　募集活動は記録する

　募集をして人が集まったら、そのままにしているケースをよく見かける。募集を行ったならば必ず記録をつけることである。記録をつけることにより次から活かすことができる。

2　効果的な募集方法は自分で見つける

　残念ながら効果的な募集方法は各店によって違う。同じ会社でも地域が変われば微妙に変わってきてしまう。自分のお店にあった募集方法は自分で見つけること。そのためには募集活動の記録をつけることだ。

3　リクルートの大原則を忘れない

　募集活動で一番大切なのは「やめさせない」環境を店舗で作ることだ。この環境をつくるのは店長であるあなた自身だ。採用したはいいが辞めていく環境ならば、いつまでも募集し続けることになってしまう。もう一度、店舗とあなた自身を振り返り、辞めさせない環境になっているかどうかをチェックしてみよう。

Ⅰ　採用前準備

> すぐに使える簡単ツール：採用準備表
> 「確実に採用できる時期を見極める」

目的（何のためのツールか）
　◇店舗での効果的な募集時期・方法を見極める
メリット（使うことでどのような効果があるのか）
　◇効果的な募集を行うことができる
　◇計画的な採用ができる

　最近、私たちが望む人がなかなか集まらないことが多くなっています。やみくもに人を募集してもあまり意味がありません。本当に人を集めたいと思うなら、募集をかける前にきちんと準備をすることです。準備する内容は次の５項目です（図表13）。

① 自店に合った集まりやすい媒体を明確にする。
② 必要人数とターゲット（集めたい人：主婦・フリーター・学生のいずれを集めたいのかを明確にする）を明確にする。
③ どの時期に何の媒体を用いるのかを明確にする。
④ 募集内容はどうするのかを明確にする（例：今回は土日できる人を集めたいので打ち出しをする等）。また、周辺店舗の時給や打ち出し方を分析する。
⑤ リクルートの大原則（辞めさせない）を実践するために具体的にどうするのかを明確にする。

　この５つをきちんと書面に整理することが大切です。頭のなかで何となく分かっているでは意味がありません。とにかく表にまとめることが大切です。
　この表（採用準備表）があると、より効率的・効果的に人を集めることができます。この表は毎月末に翌月分を作成するようにします。ただ、なんと

なく実行するのと、きちんと考えて実行するのとでは、結果が大きく違ってきます。毎月、「採用準備表」をつけることで効果的な募集を行うようにしましょう。

図表13 採用準備表

確実な募集を行うために・・・
①現状把握：4月5月に自店舗の最も効率的かつ効果的なリクルート方法は何か？

②4月・5月の必要人数とターゲット

	月	月
適正人数		
退職予定者数		
在籍人数		
必要人数		

ターゲット

③どの時期にどの媒体(どの地区)で実施するか？

	月			月			月		
	媒体:地区	掲載日	依頼日	媒体:地区	掲載日	依頼日	媒体:地区	掲載日	依頼日
第1週									
第2週									
第3週									
第4週									
第5週									
第6週									

④募集内容はどうするか？(何をつよく打ち出すか？)

⑤リクルートの大原則：採用した人を早期退職させないために実施すること
　いつ・誰が・何をするのか？

《ポイント》

① 書面に整理する

　私たちの頭の中だけで考えていても混乱してしまうだけです。結局はいままでのやり方で行うことになってしまいます。必ず書面にして整理しましょう。

② 毎月記入する

　人を採用する、しないに関わらず毎月記入することです。毎月整理することで前もって不足人数などもわかり、必要な時期に人を集めることができるようになります。

Ⅱ　募集方法

～効果的・効率的に人を集めるために～

Ⅱ 募集方法

3 これで人材獲得に困らない
「友人紹介・店頭告知による採用の仕方」

　募集方法はいろいろあるが、意外に効果的なのが、友人紹介と店頭告知、店頭でのポスターやバナーによる募集である。もし店頭告知をしているが集まらない場合は、ひとひねり工夫が必要である。ちょっとした工夫で人を集めることができる。
　また、注目してほしいのは友人紹介である。友人紹介は費用をかけずに人を集めることができる。ここではその友人紹介・店頭告知による募集について具体的にみていこう。

《基本的な考え方》

　人の募集ですぐに思い浮かぶのは有料求人広告だろう。たとえば、フリーペーパー、求人誌や新聞折込みなどである。これらはコスト（費用）がかかる割には人の集まりにバラツキが大きい。
　それ以外にも人を集める方法はある。その1つが店頭における募集告知である。店頭告知は有料求人広告に比べると確かに応募数では見劣りしてしまう場合があるが、手軽に少ないコストでいつからでも実施できるという利点がある。
　また、店頭告知で集まった人たちは何かしらの関係でお店を知っている人であり、応募する前にお店で買い物や食事をしたりして、最初からお店の雰囲気や状況をある程度知っている人である。少なくとも全くお店を知らない人はいないと思ってよい。
　実は店頭告知から採用されたパート・アルバイトの早期離職は少ない傾向

3 これで人材獲得に困らない

図表14　チェックシート：当てはまるものに○をつけてみましょう

1	店頭告知では人が集まらないと思っている または、過去に店頭告知から募集の問い合わせがきたことがない	
2	店頭告知の内容に「大募集」「急募」「大歓迎」という文字のいずれかが入っている	
3	募集勤務時間が短い（10時〜15時：深夜のみ募集など）	
4	勤務日が限定されている（週４日以上働ける方・土日できる方など）	
5	店舗・会社の独自の言葉が入っている（クルー募集・フロアー募集など一般の人にはわかりにくい言葉）	
6	仕事内容がわからない（漠然としている）	
7	募集担当の人の名前が入っていない	
8	店頭告知は２週間以上貼りっぱなしのことが多い	

※○が１つでもついたならば「あなた自身の思い込み」や「お店の都合の募集告知」をしている可能性があります。

がある。それは店舗告知で応募してくる人は、お店を見ているからだ。店頭告知で人を集めるには、ちょっとしたテクニックが必要である。

　チェックシート（図表14）をつけてみよう。１つでも○がついたならば、まだあなたのお店には店頭告知からの募集人数を増やせるチャンスがある。

　これと同等以上の効果があるのが友人紹介である。①手軽にできる、②入社した人たちが早期に辞めにくいというのが店頭告知と友人紹介の強さである。もし実行していないならば今からでも遅くはない、ぜひ店舗告知と友人紹介を実施しよう。

　私たちの経験上でも、店頭告知と在籍スタッフに対する友人紹介の２つの募集方法が採用後非常に離職率が低い。

Ⅱ　募集方法

《具体的な進め方》
【友人紹介】

　友人紹介は、店内で働いているパート・アルバイトに対してひとりずつ声を掛けて友人を紹介してもらう方法である。やり方は簡単、働いているスタッフ１人ずつに「友達を誰か紹介してもらえないかな」と声を掛けるだけである。声を掛けたからといって必ずしも紹介してもらえるわけではないが、費用も掛からずすぐにできることである。まずは全員に声を掛けてみることだ。

　友人紹介は、友達が働いているということから仕事内容がわかりやすく、またお店に対する信頼もある。時給に関わらず応募しやすい。もし、仮に全員に声を掛けてもその場ですぐに断られたならば要注意である。あなたが周りとのコミュニケーションがうまくとれていないか、お店の雰囲気が悪いなど紹介できない理由があるということだ。

　その時にはもう一度自分と店舗を見直してみよう。この友人紹介は１回で終わらせるのではなく定期的（３ヶ月〜６ヶ月に１回）に行うようにすることだ（図表15）。誰にいつ声を掛けるのかを表にしておくのも効果的である。

図表15　友人紹介スケジュール

いつ	誰に行う	確認欄
３／５	田中さん	

※自分が声を掛ける相手を前もってスケジュールにしてみう。

【店頭告知の目的とゴール】

そもそも店頭告知を含め募集の目的は一緒に働いてもらえる人を集めるためである。では、店頭告知で何が達成されればよいのだろうか。

店頭告知でのゴールは「一人でも多くの人に応募してもらう」「一人でも多くの人にお店に応募の電話や問い合わせをしてもらう」ことである。こういうと当たり前に聞こえるだろう。ところがいざ店舗で人が足りなくなると、この当たり前のことを忘れてしまう。

【応募者の都合・お店の都合】

人が本当に集まらない状態になると、お店の都合を前面に押し出すことが多い。例えば、店頭告知の内容にこちらの望む（欲しい）勤務時間だけに設定したり、勤務日もこちらが望む曜日（土日できる方大歓迎）に設定するなどである。これは応募する人の気持ちを全く考えていない、店舗側の都合の押し売りである。これではさすがに人は集まらないだろう。店頭告知の段階で選考基準を厳しくしてしまっているのだ。

【人が集まる店頭告知：店頭告知に現れるお店の都合】

では、どんな店頭告知が人を集めることができるのかをみていくことにしよう。

① 緊急に人が必要であるという雰囲気が漂っていないこと

「大募集」「急募」「大歓迎」これらは店頭告知に使ってはならない。なぜなら、どれもがお店の都合だからだ。この3つの言葉のいずれかが入っているならば、その店頭告知は、人が足りません、早く応募してください、という雰囲気が漂っている。

これを見た人はどう思うだろうか。少し冷静に考えれば、そんなに急に人が足りなくなるのは何かあるのではとか、大募集するほど人が必要な理由はなんだろうといったように考えてしまう。

Ⅱ　募集方法

　店頭告知の恐いところは読み手（応募者）側が自分の都合で読んでしまうところである。お店の人がそこまで切迫していない状態であっても人がまったく足りないように思われてしまうのである。また、大歓迎なのはお店側であって応募者側は歓迎していない。

　「土日できる方大歓迎」という書き方はお店の都合である。応募者側に立って考えると、「土日だけでも OK」となる。

② 　時間と勤務日設定

　店頭告知段階で応募者の時間と勤務日を勝手に設定してしまうことがある。「9：00〜12：00できる方」といった時間設定や「週4日以上、土日も入れる方」といった勤務日の設定である。ただでさえ、人が集まらない状態なのに、なぜさらに集まらないようにしてしまうのだろうか。

　お店側の言い分はその時間以外の人が来られては困る。週2日しかできないようでは面接するだけムダである、などであろう。

　もう一度考えて欲しい。店頭告知のゴールはなんだろうか。応募者の問い合わせを増やすことである。まずは応募してもらい面接の段階に進めることが大切なのだ。勤務時間や勤務日については面接の時にじっくりと話をすればよい結果が得られることが多い。

③ 　わかりやすい言葉

　店頭告知を見ていると、店舗独自の言葉が入っている場合がある。例えば、クルー募集、メイツ募集、パートナー社員募集等々「パート・アルバイト」を独自の言い方に変えている場合である。

　店舗・会社の内情を知らない応募者にとってみればクルーと言われてもピンとこない。できるだけ、理解できる言葉を使うことである。

　よくあるのが、キッチン募集、フロアー募集など仕事内容についてである。フロアーと言われてどんな仕事をするのか瞬時にイメージできる人がどれだけいるだろうか。フロアーと言えば接客やレジと誰もがわかると

思っているのならば、それもあなたの都合である。仕事の内容も細かく明記することだ。また、店舗で働いている人の写真が貼っているとなおよい。言葉よりも写真の方が応募者にイメージが伝わりやすい。

④　連絡先

　いざ、応募しようとしたときに連絡先がわかりにくいとせっかく応募する気になっても問い合わせまでたどりつかない。連絡先には必ず採用担当者の名前をいれる。そのときには漢字よりもカタカナの方がわかりやすい。漢字だと読み方がわからない、また応募者が応募電話の段階で間違った名前を使ってしまうなど恥をかかせることになってしまう。

　これらの全てをまとめた良い事例が図表16、17、18である。

【店頭告知の貼る場所と期間】

　店頭告知の内容を決めたら、最後は貼る場所である。貼る場所は、できれば店舗スタッフの視界に入らない場所が望ましい。店頭告知の内容や連絡先を見たり、書いたりするのに店舗スタッフの目があると、応募者はどうしても気が引けてしまう。

　また、店頭告知には賞味期限がある、それは2週間である。2週間告知したならば1〜2週間外してから再度告知する。どんなに人がいなくてもこれは守って欲しい。2週間を越えて告知し続けると、店頭告知が風景になってしまい、誰も気にとめなくなってしまう。

　それともう1つは、いつも人が足りないお店というイメージを周りに植え付けてしまう。これではせっかくの店頭告知の意味がない。

《まとめ》

　募集をするときに、友人紹介や店頭告知も大きな武器となる。まずは友人紹介に取り組もう。次に店頭告知を行う。ただ、店頭告知は気づかないうちに自分（お店・会社）の都合が入っていることが多い。これが応募者が少な

Ⅱ　募集方法

図表16　募集ポスター事例

ポイント
:仕事内容が具体的
※応募者の人が仕事をイメージできるように具体的にしてあげます。

ポイント
:勤務時間と勤務日に幅がある
※勤務時間もできるだけ幅をもたせます。
週1日、1日2時間以上とすることでより多くの人の応募を促します。店頭告知で選別するのではなく面接する人数を増やすことが大切です。

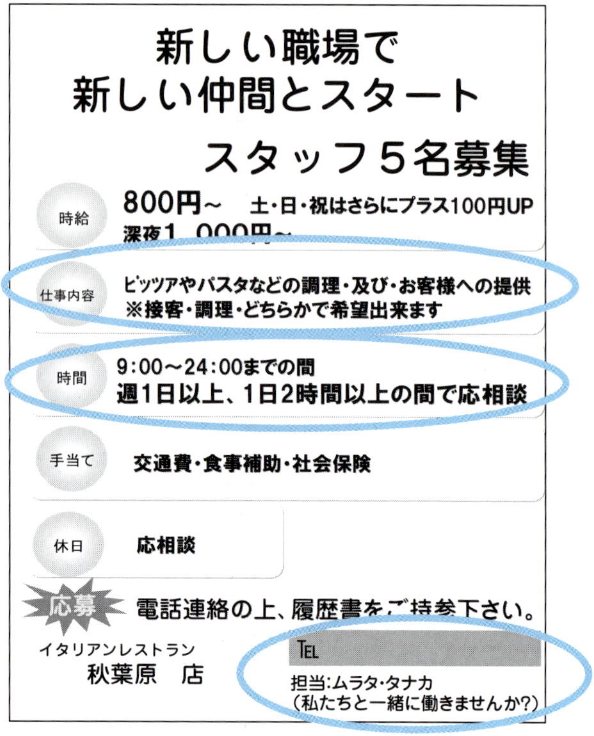

> 新しい職場で
> 新しい仲間とスタート
> スタッフ5名募集
>
> | 時給 | 800円～　土・日・祝はさらにプラス100円UP
深夜1,000円～ |
> | 仕事内容 | ピッツアやパスタなどの調理・及び・お客様への提供
※接客・調理・どちらかで希望出来ます |
> | 時間 | 9:00～24:00までの間
週1日以上、1日2時間以上の間で応相談 |
> | 手当て | 交通費・食事補助・社会保険 |
> | 休日 | 応相談 |
>
> 応募　電話連絡の上、履歴書をご持参下さい。
>
> イタリアンレストラン
> 秋葉原　店
>
> TEL
> 担当:ムラタ・タナカ
> （私たちと一緒に働きませんか?）

ポイント
:情報量が最低限でシンプル
※あれもこれも載せてしまうと目に入りにくくなってしまいます。
読むことに疲れてしまいます。
最低限の内容:仕事内容・時給・時間・待遇・連絡先電話番号・担当者

ポイント
:採用担当者の名前がある
※応募するときに応募者は不安で一杯です。特に最初の電話による問い合わせをかけやすくするために担当者の名前をいれましょう。

3 これで人材獲得に困らない

図表17 募集ポスター事例

ポイント：情報量が最低限でシンプル
※あれもこれも載せてしまうと目に入りにくくなってしまいます。
　読むことに疲れてしまいます。
最低限の内容：仕事内容・時給・時間・待遇・連絡先電話番号・担当者

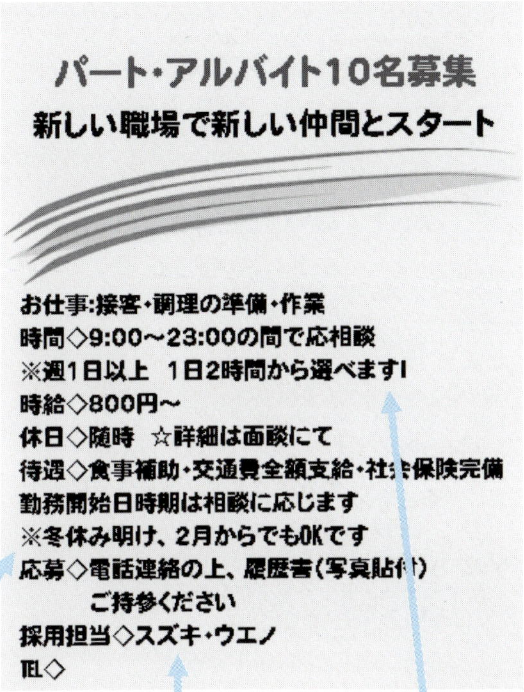

パート・アルバイト10名募集
新しい職場で新しい仲間とスタート

お仕事：接客・調理の準備・作業
時間◇9:00～23:00の間で応相談
※週1日以上　1日2時間から選べます！
時給◇800円～
休日◇随時　☆詳細は面談にて
待遇◇食事補助・交通費全額支給・社会保険完備
勤務開始日時期は相談に応じます
※冬休み明け、2月からでもOKです
応募◇電話連絡の上、履歴書（写真貼付）
　　　ご持参ください
採用担当◇スズキ・ウエノ
TEL◇

ポイント
：勤務開始時期に幅がある
※春休み・夏休み・冬休みの時期は主婦の方が働けないことがあります。また学生は新学期に向けての準備の時期です。休み明けからでもOKとすることにより応募者の数を増やします。

ポイント
：勤務時間に幅がある
※勤務時間もできるだけ幅をもたせます。
週1日、1日2時間以上とすることでより多くの人の応募を促します。店頭告知で選別するのではなく面接する人数を増やすことが大切です。

ポイント
：採用担当者の名前がある
※応募するときに応募者は不安で一杯です。特に最初の電話による問い合わせをかけやすくするためにも担当者の名前を入れましょう。

Ⅱ 募集方法

図表18 募集ポスター事例

ポイント:情報量が最低限でシンプル
※あれもこれも載せてしまうと目に入りにくくなってしまいます。
　　読むことに疲れてしまいます。
最低限の内容:仕事内容・時給・時間・待遇・連絡先電話番号・担当者

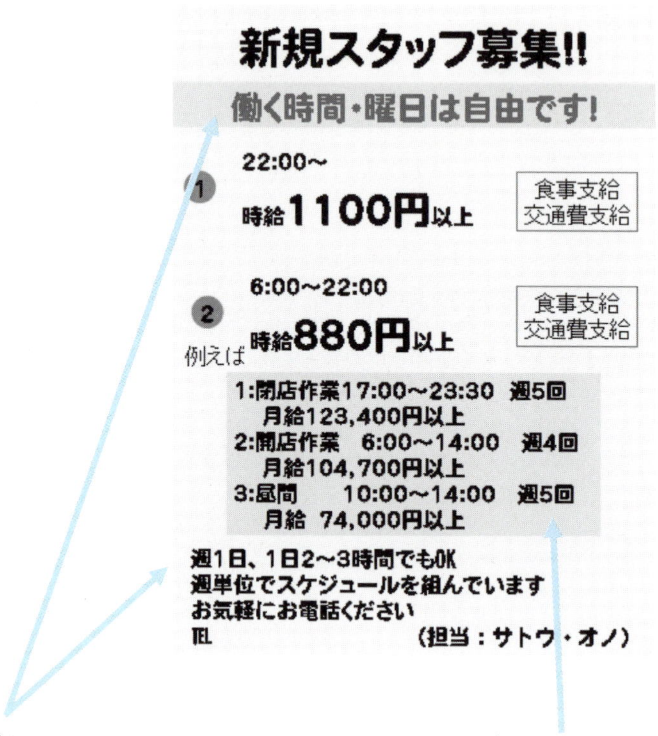

新規スタッフ募集!!

働く時間・曜日は自由です!

① 22:00～
時給 **1100円** 以上
[食事支給 交通費支給]

② 6:00～22:00
時給 **880円** 以上
[食事支給 交通費支給]

例えば
1:閉店作業 17:00～23:30　週5回
　月給 123,400円以上
2:開店作業 6:00～14:00　週4回
　月給 104,700円以上
3:昼間　　10:00～14:00　週5回
　月給 74,000円以上

週1日、1日2～3時間でもOK
週単位でスケジュールを組んでいます
お気軽にお電話ください
TEL　　　　　　（担当：サトウ・オノ）

ポイント
:勤務時間と勤務日に幅がある
※勤務時間もできるだけ
幅をもたせます。
勤務日も
週1日、1日2時間以上とする
ことでより多くの人の応募を
促します。店頭告知で
選別するのではなく面接する人数を
増やすことが大切です。

ポイント
:月々の給与がわかる
※このお店で働いたときに月々どれくらいの
給与がもらえるのかがわかると応募者が
お店で働いたときの給与イメージがわかります。

くなる理由の1つである。
　本当に多くの人に応募して欲しいのなら、応募者の気持ちになることであ

る。すると自然と内容も告知の仕方も変わってくるだろう。

　特に注意して欲しいのは、人が足りない状態が続くと、冷静さを失い、お店の都合が入りやすくなる。面接している時間がない、余計な電話に出たくない、だからこちらが望む人しか応募して欲しくないという気持ちで募集をするので応募者が集まりにくくなる。

　人が足りない時ほど冷静に、もう一度応募者の気持ちになって考えて欲しい。それが人を集める秘訣である。

《ポイント》

1　費用も掛からず、すぐにできることを行う
　　友人紹介も店頭告知もすぐにでき、ほとんど費用も掛からず行うことができる。いつも有料求人誌のみに頼るのではなく、自分がすぐにできることから始めると計画が立てやすくなる。

2　店頭告知のゴールを明確にする
　　店頭告知では「募集の問い合わせ人数を増やす」のがゴールである。決して、店頭告知で応募者を選んではいけない。選ぼうとすれば応募者の数は確実に減る。このことを念頭に置いておくことだ。

3　応募者の視線に立つ
　　店頭告知は無意識のうちにお店側の都合を応募者に押し付けていることがある。応募者の視点に立って応募しやすい内容にすること。人が足りない状態になると、自然とお店の都合を押し付けることが多くなる。それが結果として応募者を減らし、ますますお店の状況を悪化させる。大変なときこそ冷静になること。

　　今回の内容を参考にしてお店の都合を押し付けていないかどうか定期的にチェックしよう。また、人が足りない状態を作らないように採用計画を立て、定期的な採用を行うことも必要である。

Ⅱ　募集方法

4　人が集まる採用の仕方
「有料求人誌で人を集めるポイント」

　パート・アルバイト募集というと、すぐに思い浮かべるのは「有料求人誌」ではないだろうか。人が足りなくなったならばすぐに有料募集広告をのせるということをしていないだろうか。
　募集広告は集まりやすい反面、費用もかかる。そこで、いかに効率的・効果的に募集広告を行うかがポイントとなる。

《基本的な考え方》
　小売・飲食を問わず、募集広告ではまだまだ工夫していない会社・お店が多い。ということは私たちが少し工夫するだけで結果が変わる可能性があるということだ。ではあなた自身は工夫しているだろうか。
　図表19チェックして欲しい。仮に○がつくようであれば、まだ結果の出る内容に変更できるということだ。大きな費用のかかるものだからこそじっくりと考えることが必要になる。

《具体的な進め方》
【ターゲットを選ぶ】
　あなたが今回どの時間帯のどの層が欲しいのかということだ。図表20に整理してみよう。まずは必要な曜日と時間帯、そして欲しい層を明確にする。欲しい層とは主婦、学生、フリーターなど自分が必要としている人たちである。
　この時の注意点は、欲しい層にもそれぞれ特性があり（図表21）、そこを

図表19　チェックシート：当てはまるものに○をつけてみましょう

1	募集媒体は毎回一緒である	
2	どういった人たちに来て欲しいのか明確ではない	
3	募集内容は業者に一任している	
4	募集の内容は以前からのものを使っている（変えていない）	
5	面接する時間がもったいないのでこちらが望んでいる時間帯以外は来てほしくないと思っている	
6	自店舗の周りの時給を知らない	
7	いままで募集を掛けて応募が0の時があった	
8	人がいなくなったら時期を考えずに募集している	
9	人が集まらないのはしょうがないと思う	
10	募集を掛けたあとの結果を評価していない	

※○が1個でもついたら、まだ効率的・効果的にする改善の余地があります。

見極めることが必要である。

【媒体を選ぶ】

　時間帯とターゲットが決まったならば、次は媒体である。あなたはどのようにして広告媒体を選んでいるだろうか。いままで使っていたから、なんとなく使っているでは意味がない。まずはきちんと媒体を選ぶことである。

　媒体によって得意なことと不得意なことがある。そこを見極めて選ぶことが大切である（図表22）。本当に必要な時間帯の欲しい層が集まるのはどの媒体なのかを見極めることである（図表23）。

Ⅱ 募集方法

図表20 希望時間帯

※必要時間帯に○をつける

	月	火	水	木	金	土	日
午前中							
昼							
夜							
深夜							

図表21 媒体別訪問帯

集まりやすい媒体	有料求人誌	新聞折り込み	フリーペーパー
集まりやすい時間帯	平日の夜 土日祝日	平日の昼	人による
備考	長期休暇の時に入ってくれやすい 試験期間は勤務につきにくい	夜や土日は難しい	人によって入れる時間帯が異なる。待遇のよい仕事があれば移る可能性が高い

図表22 媒体別ターゲット

	学生	主婦	フリーター
新聞折り込み	○	◎	△
有料求人誌	○	△	△
フリーペーパー	○	△	◎
ネット	○	△	○

図表23 媒体計画表

	4月			月			月		
	媒体:地区	掲載日	依頼日	媒体:地区	掲載日	依頼日	媒体:地区	掲載日	依頼日
第1週	新聞	4/1	3/20						
第2週									
第3週									
第4週									
第5週									
第6週									

※媒体も計画を立てる

【募集時期を決める】

　媒体を決めたならば、いつ募集をかけるのかを決める。その時に、なんとなくとか感覚で決めるのではなく、募集広告を依頼する会社に、直接どの時期が集まりやすいのかを聞いてみよう。

　募集広告の会社はさまざまな業種のさまざまなお店の採用状況を把握している。昨年や最近の傾向等も含めて直接聞いてみる。あれこれ悩むよりも聞いた方が早い。また、自分のお店の採用傾向を把握し、タイミングの良い時期を把握することも大切である。

【内容を決める】

　広告内容は人が集まるかどうかの大きなポイントである。ここを人まかせにしてはいけない。

　募集広告も店頭告知と同様に応募する人の気持ちになって作成することだ。決してあなたやお店の都合の文面にしてはならない。有料求人誌の目的は「できるだけ多くの人に応募させる」ことである。再度これを頭に入れて欲しい、募集広告で人を選別するような文面にしてはいけない。

　ここで人が集まる内容のポイントを見ていく前に、大切なのは応募者がお店を選ぶ基準は何かということである。

① 勤務時間や曜日が自分にあっている
② 通勤時間が短いことや通いやすさ
③ 自分がやりたい仕事であるかどうか

ということが、きちんと打ち出されているかどうかである。

《ポイント》

【時間】

　働く人の都合の良い時間をきちんと打ち出していることが大切である。ここにはお店の都合が入りやすい。自分のお店が必要な時間帯しか明記しないことがある。これでは最初から応募者の枠を狭めている。

Ⅱ　募集方法

　例えば午前中の９時〜12時の時間帯が欲しいとしても「９時〜12時募集」としないことである。できるだけ時間帯を長くする。欲しい枠を越えた時間帯に設定することである。そして、勤務日も週１日以上、１日２時間からと、できるだけ応募しやすい内容にすることである。

　こういうと、それではお店の不必要な時間帯の人も応募してくると言われる方がいるが、大切なのはできるだけ多くの人に応募してもらうことである。仮にお店の時間帯と違う人が応募してきても「その時間帯は一杯になっておりますので午前中はいかがですか」と交渉できる。募集しても応募者が少ないのが一番の問題なのである。そのことを認識しよう。

【仕事内容】

　仕事の内容は、できるだけ詳しく載せること。私たちは仕事内容を熟知しているので、ついつい簡単な言い回しにしてしまう。例えば、品出し、レジ、調理、接客などである。これでは相手にイメージがつきにくい。もっと具体的にすることがポイントである。

　（例）　仕事内容：品出し……商品を段ボールから取り出し売場に並べる仕事
　　　　　　　　　接客……お客様のお出迎え、注文、料理の提供

というように、初めての人でも分かるようにすることである。ここをできるだけ詳しくすることが応募しやすくさせるコツである。

【お店】

　あなたのお店はどんなお店なのかを明確にする。あなたは「言わなくてもスーパーとわかるだろう」とか、「飲食店」とわかるだろうと思っても、応募者にはわかりにくいものである。何のお店なのかをわかりやすい表現で伝えることだ。

【勤務時期】

　春休み・夏休み・冬休み前に募集をかける時には一工夫が必要である。そ

れは休み明けでも勤務が可能であることを明記することだ。こうすることでより応募者を増やすことができる。休み中は勤務が難しい人でも休み明けに働くことができる人、小さな子供をお持ちの人もいるのだ。

　また、きちんとした面接をすることで、少ない日数でも休み中からでも働いてくれることもある。

【働いている人】

　募集広告には働いている人の写真を載せることである。募集広告の場合、店頭告知と違って応募者が実際にお店を見たことがない場合が多い。どんなお店か、どんな人が働いているのかわからないと応募がしにくい。そこでできるだけ写真を活用してお店の雰囲気を伝えよう。

　その際に、お店の写真よりも働いている人を写真で載せるとイメージがつきやすい。写真でのポイントは、欲しい層の人と同じような人の写真を載せることである。例えば、学生が欲しいのであれば学生の写真を、主婦層が欲しいのであれば主婦の写真をといったようにである。今回の募集で欲しい層の写真を載せることが自分のお店に合った人を集めるポイントとなる。

【窓口】

　いざ応募しようと思っても不安でいっぱいなのが応募者である。この不安をできるだけとり除くことも大切である。

　最初に不安に感じるのは電話をかけるときだろう。不安を解消するためにもカタカナで複数名の窓口をつくることだ。こうすることで、いざ電話しても「採用担当の方をお願いします」といった曖昧な言い回しがなくなる。

　誰もが読めて知っている名前であっても、必ずカタカナにすること。そして、複数名載せることがポイントである。

【他店を参考にする】

　実際に募集広告を見てみよう。パラパラとめくっていって目にとまったコ

Ⅱ 募集方法

図表24 効果的な募集の仕方

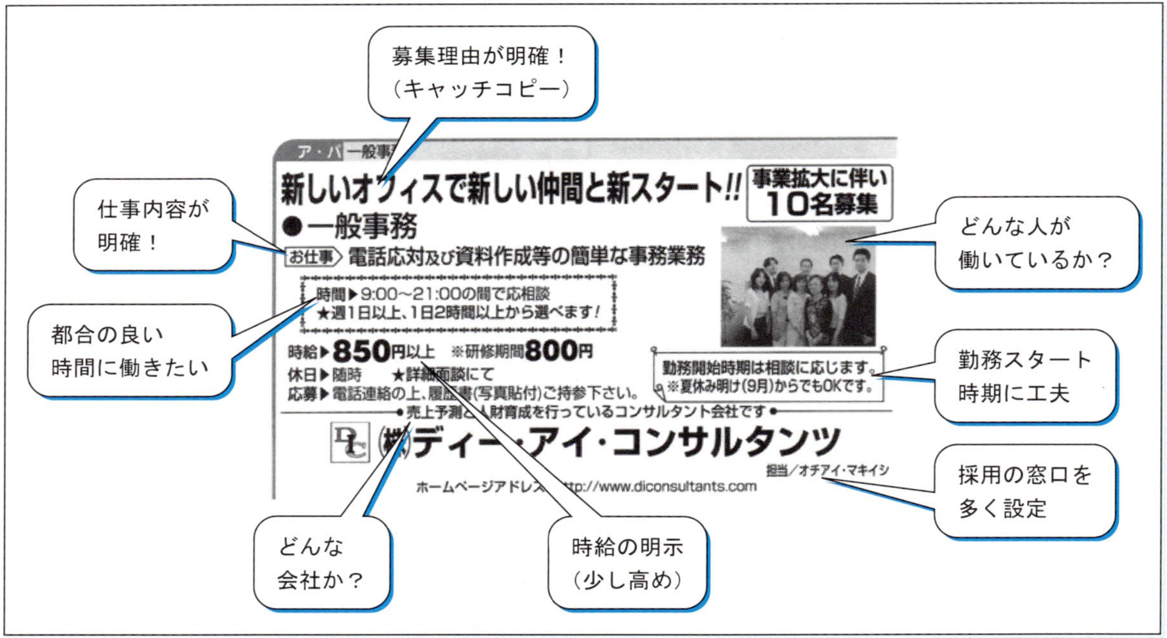

求人広告例の解説

求人広告本文:
- ア・パ 一般事務
- 新しいオフィスで新しい仲間と新スタート!!
- 事業拡大に伴い10名募集
- ●一般事務
- お仕事 電話応対及び資料作成等の簡単な事務業務
- 時間▶9:00～21:00間で応相談
- ★週1日以上、1日2時間以上から選べます!
- 時給▶850円以上 ※研修時間800円
- 休日▶随時 ★詳細面談にて
- 応募▶電話連絡の上、履歴書(写真貼付)ご持参下さい。
- 売上予測、財務作成を行っているコンサルタント会社です。
- 勤務開始時期は相談に応じます
- ※夏休み明け(9月)からでもOKです。
- ㊑(株)ディー・アイ・コンサルタンツ
- 担当/オチアイ・マキイシ
- ホームページアドレス http://www.diconsultants.com

吹き出しコメント:
- 募集理由が明確!(キャッチコピー)
- 仕事内容が明確!
- 都合の良い時間に働きたい
- どんな会社か?
- 時給の明示(少し高め)
- どんな人が働いているか?
- 勤務スタート時期に工夫
- 採用の窓口を多く設定

※求人誌での一番のポイントは一人でも多くの人に募集させること!
そのために「店側の都合」を入れない

4 人が集まる採用の仕方

図表25 募集記録表

200 年 月					
媒体名	【 】掲載日 月 日( ) ～ 月 日( )				

掲載記事のページまたは店頭ポスターの写真をはってください。

問合せ件数	件	面接人数		人	
採用比率	%	採用人数		人	
掲載費用	円	備考：			
採用単価	円/1人当り	採用比率		%	
採用担当者名： メンバー評価等		採用者氏名	入社年月	退社年月	在籍期間

※掲載するごとにこのシートに記入します。
※記入後、このバインダーに保管します。
※次回掲載時にこのデーターを参考にどの媒体を使用するか決定します。

メントや気になった言葉を集めてみよう。それが実は効果的な言葉になっていることが多い。それを自分のお店の言い方に変えてみることも1つである（図表24）。

【記録する】

　募集が終わったら、今回の結果がどうだったのかをまとめておく（図表25）。結局はやってみないとわからないことが多いが、自店ではどの時期にどの媒体でどの内容が良いのかを判断するのに実際にやってみることである。

　ただし、結果を記録しないと、結局は同じ間違いを繰り返すことになる。必ず記録をとって次回にも活かせるようにしておくことだ。記録があれば、例えあなたが異動し、新しい人が来ても引き継ぐことができる。

《まとめ》

　募集広告は応募者数を集めやすいが、応募者のバラツキと費用も掛かるため、簡単に考えてはならない。費用が掛かっている割には安易に考えて、いつも同じ媒体、同じ原稿になっているケースを多く見かける。これでは効果がなくても当たり前である。

　募集広告の会社まかせにするのではなく、あなた自身で応募者がどうすれば集まるのかを真剣に考えよう。考えた分だけ結果はでる。

　今回の内容にそって、再度、募集広告について考えて欲しい。

《ポイント》

1　欲しい人を明確にする

　　あなたのお店の本当に欲しい人を明確にする。ここを決めないと媒体を選べない。欲しい曜日・欲しい時間・欲しい層を明確にすることである。

2　媒体を選ぶ

　　媒体によって特長がある。その特長と今回の欲しい人が合致する媒体を選ぼう。いつもお願いしているからとか、費用が安いとかで判断してはならない。どの媒体が今回本当に効果的なのかを考えることだ。

3　応募者の気持ちになって内容を吟味する

　　募集広告の内容は必ず自分で考えること、業者まかせにしてはならない。また、お店の都合でなく、応募者の気持ちになること。ここを忘れると、どんなに募集をかけても人が集まらないものになってしまう。

Ⅱ　募集方法

> すぐに使える簡単ツール：募集記録表
> **「お店の採用傾向をつかむために記録する」**

目的（何のためのツールか）
　◇記録することで、店舗での効果的な募集を行う
メリット（使うことでどのような効果があるのか）
　◇自店舗にあった募集時期・募集方法・募集内容がわかる
　◇同じ失敗を繰り返さない

　人が足りない時にはどうしてもまず人を集めたいと考えます。ですが人が集まってしまうと、その後は何もしないことが多いようです。これでは募集して人が集まったとしても次に活かすことはできません。
　そこで募集をしたならば必ず記録をつけていきましょう。記録をつけることで、次から、より効果的な募集ができるようになるのです。
　記録するのは、
　①　募集日
　②　募集媒体
　③　募集内容
　④　募集費用
　⑤　募集結果
　⑥　採用人数
　⑦　採用後の動向
の7項目です。
　この記録があるかないかで、その後に大きく影響していきます。同じ失敗を繰り返したり、毎回が試行錯誤の連続では、募集の際にいつも頭を悩ますことになります。
　また、店舗を他の人に引き継ぐ時に、この記録があると便利です。このお

店の過去の募集状況を一目で引き継ぐことができるのです。すると引き継ぎを受けた方も、どの時期にどの媒体でどのような内容にすれば良いのかがわかり、スムーズな募集ができるのです。

　実行したら必ず結果を紙に残すことです。結果が残っていれば活用しやすいのです。

図表25　募集記録表の活用例

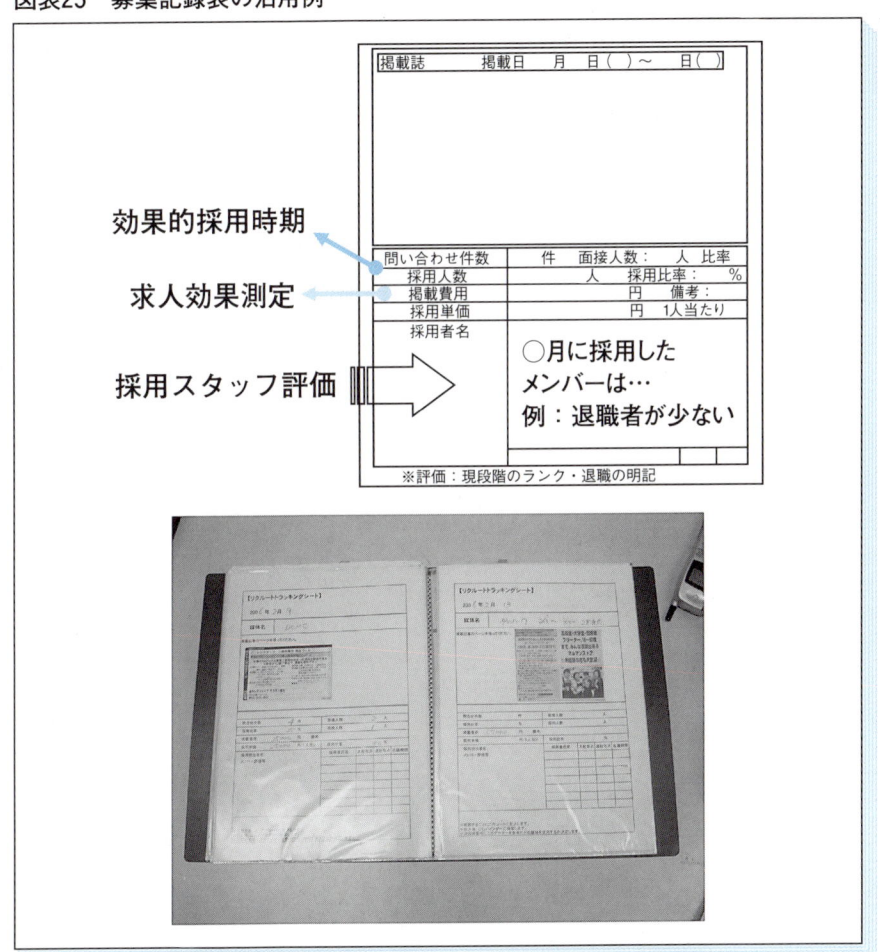

Ⅱ　募集方法

《ポイント》
1　記録をつける
　　リクルートを行った際には、毎回記録をつけることです。記録をつけることで見直すことができ、同じ失敗を繰り返さないのです。
2　まとめる
　　記録は1ヶ所にまとめておきましょう。まとめることでいつでも活かすことができるのです。

Ⅲ 面接

~自店に合った人を採用するために~

Ⅲ　面接

5　人財確保と戦力化
　　「失敗しない面接法」

　面接は簡単なようで難しい。面接を疎かにしてしまうと自店舗に合った人を採用できず、応募者と店舗でお互いに合いそうにない人を採用してしまうなど、チグハグなことが起こってしまう。
　一緒に働くパート・アルバイトを、より活用していくには最初の段階である面接が大切である。いかにして自店舗にあった人を採用するか、失敗しない面接法を一緒にみていくことにしよう。

《基本的な考え方》

　多くのお店が多数のパート・アルバイトの方と仕事をしている。そして、日々トレーニングを実施している。だが、もう一度採用に関して考えて欲しい。採用段階での面接をきちんとしなければギャップが生じ、後々大きな問題が起こることが多い。また、せっかくの良い人をみすみす逃してしまうことにもつながる。
　まずはチェックシート（図表26）でチェックしてみよう。該当する箇所が1つでもあるなら、今の面接の仕方に問題があるのかもしれない。

【面接の重要性】

　人を採用することは、店舗にとっても会社にとっても安易に決められないことだ。ところが、お店によっては簡単に考えているところも見受けられる。一人採用するということは、当然、採用コストがかかる（友人紹介等は別にして）。そして、一人で仕事ができるようになるまでに教える人（トレーナー）

5　人財確保と戦力化

図表26　チェックシート：当てはまるものに○をつけてみましょう

1	採用したあと一緒に働いてみると「こんなはずじゃなかった」と思うことがある	
2	自分以外の人が面接をし採用すると自分の採用基準に合っていないことがある	
3	面接後2～3日たってから採用の電話をすると「他に決まりました」と言われたことがある	
4	人が足りないので仕方なく採用基準にあっていなくても採用したことがある	
5	採用段階でもっと良い人がくるかもしれないと採用を保留したことがある	
6	自分自身採用基準を明確に言えない	
7	面接のトレーニングをするときに、応募者に対する具体的な質問項目を教えていない	
8	毎回質問する内容が変わる	
9	人を見る目がないと言われたことがある	
10	採用した人がすぐに辞める傾向がある	

※○が1つでもつくようならもう一度面接を見直してみましょう。

がついて教えるなら、教える人と教わる人の2人分の人件費がかかる。人を一人採用して戦力化するのには、思った以上にコストと時間が掛かるのだ。トレーニング時間が100時間ならば200時間分の人件費が必要となる。

　また、面接をキチンとしないと採用して実際に働いてもらった時に、お客様との対応（接客）に向いていなかった場合や、店舗・会社に合わなかった場合など、採用した後で問題になることも少なくない。そうならないように自分のお店に合った人を採用することが大切である。

　コストを考えても、採用後のことを考えても、面接は簡単に考えて行わないようにすることが大切である。面接の重要性を再認識してもらいたい。

　間違いのない面接を行うポイントは2つある。

Ⅲ　面　接

　①　面接時に相手に聞く質問を具体的にすること
　②　採用基準を具体的に設ける

ことである。

《具体的な進め方》
【面接での質問内容を明確にする】

　あなたはどんなパート・アルバイトの人を採用したいだろうか。どんな人と一緒に仕事をしたいだろうか。「やる気のある人」「仕事に対する姿勢が良い人」などいろいろあると思うが、これでは抽象的である。

　確かにやる気のある人は皆採用したいと思うし、一緒に働きたいと思う。では、どうやってやる気があるかどうかを判断するのだろう。「あなたはやる気がありますか？」と直接聞いて「はい」と答えた人は、本当にやる気があるのだろうか。反対に「やる気ありません」と答える人などまずいないだろう。

　では、どうすればやる気のある人かどうかを判断できるのか。それは「やる気」があるのを判断する具体的な質問内容を考えることだ。そして、さまざまな相手を知る質問を整理しておくことである。

　「やる気」をはじめ「仕事への柔軟性」「仕事に対する姿勢」を知るためにはどうすれば良いのかを具体的に考えてみよう。

　案外私たちは雰囲気や自分の感覚でやる気があるかどうか、仕事に対しての姿勢が良いかどうかを判断してしまっていることが多い。それでは、面接から採用時にバラツキが出てしまうのも当然である。まずは具体的な質問内容を整理しよう。

　例えば、やる気があるかどうかを判断するのに「どのくらいの期間働きたいですか」と質問すれば、相手がどのくらいの期間か答えることによってやる気があるかどうかを判断することができる。応募者が学生だったとして質問した際に「卒業まであと２年働きたいです」という答えが返ってきたならば、やる気があると判断することができる。ところが反対に「とりあえず半

図表27　相手を知る質問

	項　　目	コメント
やる気	なぜ、今回私たちの店舗に応募しようと思いましたか	
	月にどのくらい欲しいですか具体的な金額はありますか	
	働く場合いつから勤務できますか	
	今まで一番長く続けた仕事は何で期間はどれ位ですか	
	なぜ、長く続けられましたか	
	私たちの店舗を利用されたことはありますか	
	（学生）学校以外で何か活動していますか	
	働くとしたらどの位の期間を希望しますか	
仕事に対する姿勢	今まで部活等で自信を持ってがんばったということはありますか	
	コツコツと進めて達成したことが何かありますか	
	過去にどんなアルバイトをされましたか	
	その仕事はどうでしたか	
	仕事に対しての目標はなんですか	
	最近まで働かれていたアルバイトを辞めた理由は何ですか	
	前の仕事で一番嫌いだった仕事は何ですか	
	自分で自分を分析すると自分はどんな人ですか	
柔軟性	年末・年始は出られますか	
	ＧＷ、夏休み等の連休は時間の変更や延長は可能ですか	
	急に来てもらうことになったときに出勤できますか	
	希望以外の仕事でも勤務できますか	
	希望以外のシフト（日・時間）でも勤務できますか	
	月に何回かは土日も働いていただけますか	
	週に何回働けますか	
	希望シフト通りに勤務につけない時があっても大丈夫ですか	

年ぐらいですね」と答えられてしまうと、本当に働きたいのだろうか、あまりやる気がないのではないかと判断することができる。

　このように、質問でのポイントは、できるだけ相手を知る質問を具体的にすることだ。図表27に例を載せているので参考にしてもらいたい。ひとりで考えてもなかなか思いつかないようであれば、ミーティング等を持って何人かで質問項目を出し合うのもひとつである。やってみるといろいろと具体的な質問が見つかる。

　まずは、あなたのお店に欲しいパート・アルバイトはどんな人なのかを明確にし、その人がお店に合った人かどうかを判断するためには、どんな具体的な質問をすれば良いのかを考えることである。すると、あなた自身でのブレもなくなり、あなた以外の人が面接をしても、欲しい人かどうかを見極める力を持つことができる。

　面接をしたことがない人に面接のトレーニングをする場合には、この質問項目を渡して終わりにしてはいけない。あなたが応募者の役になってロールプレイングをすることである。答えに対してどう判断するのかを教育しなければ、質問だけを一方的に伝えても結局はブレてしまう。

【採用基準】

　あなたは面接時の採用基準を明確にもっているだろうか。明確にもっているというのは面接時の採用基準を頭の中ではなく、具体的に書面に整理しているかどうかということだ。

　この基準を明確にもっていなければ面接から採用に至るなかで、私たち個人の感情・感覚がはいってしまう。どんなに冷静な人間でも、頭の中だけの基準では判断を誤ってしまう。

　明確な基準を持たないと、大きく2つの箇所で判断を誤る。1つは店舗で人が足りずに困っている時である。店舗スタッフの人員が足りず、ピーク時にお客様に迷惑をかけている、周りのスタッフの負担が大きい、自分を含め休みがとれない、長時間労働になっている。そのような状況の時は極端な

話、とりあえず誰でもいいから採用しようと採用基準が甘くなる。

　面接時にちょっと気になる点があっても、人が足りない状況に流されてついつい妥協してしまう。これはよほど意志の強い人間でなければ防ぐことができない。

　ただ、残念ながら妥協しない人はほとんどいない。特に募集をしても人が集まらない状況ではなおさらなことだ。もう一度募集しても集まるかどうか分からない場合や、周りから「とりあえず誰でもいいから採用してくださいよ」など、プレッシャーをかけられると特に妥協してしまうことが多い。妥協しないためには採用基準を明確にすることだ。

　判断を誤るもう１つの理由は、募集した際に応募者が予想以上に集まった場合である。私たちがこの人いいなと感じる人は大抵他社でもいいなと感じる人であり、どこでも引っ張りダコである。私たちがいいなと感じた人は面接時に即決することである。

　ところが、ある程度応募者が多いと次にもっと良い人が来るのではないかと考えてしまう。そして、即断即決（その場で決めること）をやめて「後日連絡します」とつい言ってしまうことになる。大抵の場合、後日連絡すると他社・他店に決まってしまっていることが多い。それだけ質の良い人の採用は熾烈を極めるのだ。

　採用基準を明確にしていない、または自分の頭の中に基準が入っているだけでは、人が足りなくても、良い人が集まったとしても、いずれにせよ感情に左右されて望む結果がでない。

　また、基準が曖昧だと面接をする人によってブレが生じることがある。面接者によって採用基準がバラバラだと、採用後に苦労することになるのだ。

　これらのことをなくすためにも店舗（会社）での基準を設けることが必要である。

【採用基準をつくる】

　店舗での採用基準を明確にしよう。この人は採用したい、採用するべきと

か、この人は不採用という、なんとなく経験上の基準は誰もが持っている。それを整理することである。誰もが頭の中に持っている基準を書面に落として誰もが分かるようにすることである。

採用基準は3つ作成する。

1つは「積極的な採用」。こういう人は即決するということを決める。例えば面接時に皆にあいさつをしている、身だしなみが良い、履歴書がすべて埋まっているなど、いろいろあるだろう。これらの基準を満たしている人はその場で採用とする。

即決というのはどこか二の足を踏みやすい。もっと素晴らしい人が来るかもしれないとか、この後に良い人が来たら2人採用しなければならなくなってしまうなど、さまざまな思惑（というよりも勝手な空想）で即決を妨げてしまうのだ。それをなくすためには絶対即決の採用基準を設けることである（図表28）。

続いて「不採用」の基準も設けよう。これも過去の経験から、面接時のこういうタイプは採用してもうまくいかないという内容を整理することである。この基準にひとつでも当てはまるようであれば採用しないとすることだ。書面に書いておくと人が足りないからという妥協を少なくすることができる。

そして、もう1つの基準は「予測問題」である。予測問題とは面接時に即決はできないが採用するかどうかを判断するのに時間をおくべき人である。例えば応募者が「他でも仕事をしている」場合、採用しても勤務日数が少ないのではないか、もう1つの仕事が忙しくなればすぐに辞めてしまうかもしれないとか予測される。

また、「家が遠い（お店から1時間以上かかる）」場合、同じく長期間続けていくことがむずかしいと予測される。このような予測ができるときには絶対採用の基準を満たしていても採用するのに少し間をあけることである。これも同じく基準をリストアップしていこう。

図表28　採用基準

積極的に採用	積極的に質問をしてくる（質問が具体的である）	
	同業種で働いた経験がある	
	時間の融通がきく	
	家が近い（通勤が20分以内）	
	体育会系の部活に入っている（ルールを守る）	
	店内ポスターを見た（店舗を利用したことがある）	
	あいさつが明るく元気がある	
	リーダー的経験がある（部長・委員長など）	
	礼儀正しい	
	常に笑顔である	
	長期間のアルバイト経験がある	
	周りの人にもあいさつをしている	
予測問題↓検討する	他にもアルバイトをしている	
	体育会系の部活をしている	
	前職の期間が短い	
	はい、はいと相づちがやたらと多い（話を聞いていない）	
	勤務時間を気にする	
	何も質問できない→質問をしてこない	
	連絡なく突然面接にきた	
	家が遠い（通勤に45分以上かかる）	
	やたらと時給を気にする	
	携帯を持っていない	
不採用	遅刻してくる（前もって連絡があれば良い）	
	あいさつができない	
	身だしなみが悪い	
	声が小さい	
	人の目を見ない	
	落ち着きがない（キョロキョロしている）	
	履歴書がきちんと書かれていない（全ての項目を埋めていない・写真がない）	
	住所がいえない	
	転職が多い（数ヶ月で仕事を変えている）	
	なぜ前のバイトを辞めたのかを言えない	
	質問に答えていない（的外れな返答が多い）	
	自分の言いたいことを話せていない（黙ってしまう）	

Ⅲ　面　接

図表29　面接表

ふりがな				性別	年齢	面接日200　年　月　日（　　）
				男・女	歳	店舗名
ふりがな						面接者
現住所	〒　－					
連絡先	自宅電話	携帯電話	メールアドレス			□面接評価事項　　　　　　　　　確認
通勤経路	電車　バス　自転車　徒歩　他		通勤時間：　　　分			1. 第一印象
	学校名					2. 人の目を見て真剣に説明を聞いている
現在または最終学歴	大学・専門 短大・高校 中学・他		年卒 年在学中 入学見込み			3. 自分の意見をはっきり分かりやすく説明出来ている 4. 服装・身だしなみはきちんとしている 5. 明るくハキハキして好感がもてる
最終職歴	会社名	所在地・連絡先	仕事の内容			□面接確認事項　　　　　　　　　確認
応募動機	店頭広告・来店して新聞広告（　　）・アルバイト情報誌（　　） 紹介者（　　）・その他（　　）					1. 働く場所・勤務日・休日・始業・就業時間 2. 試用期間
アルバイト経験	有・無	会社名（店名）	仕事の内容			3. 仕事の内容 4. 休憩時間
期間	2ヶ月以内・2～3ヶ月位・4～6ヶ月位・6ヶ月以上　長期					5. 給与計算 6. 昇級の内容
希望月収	1ヶ月に	最終時給	円			7. 社会保険加入 8. 税法上の所得制限
勤務可能日	月　　日から勤務可能	円～	円			□面接質問事項　　　　　　　　　確認
勤務希望	日	～	木	～		1. 志望動機 2. 職歴
	月	～	金	～		3. 過去のアルバイト（仕事内容・退職理由） 4. 学校の状況
	火	～	土	～		5. 生活状況（部活動・クラブ活動等） 6. 勤務（繁忙期・試験時・緊急時・希望休日等）
	水	～				7. 採用決定の連絡先・日時 8. 希望職種
志望動機						
ユニフォームサイズ	S・M・L・2L・3L（　　L） 靴　　　　cm					

5　人財確保と戦力化

分類	項目	コメント	項目	コメント
不採用	遅刻してくる（前もって連絡があれば良い）		礼儀正しい	
不採用	あいさつができない		常に笑顔である	
不採用	身だしなみが悪い		自己アピールができる	
不採用	声が小さい		長期間のアルバイト経験がある	
不採用	人の目を見ない		周りの人にもあいさつをしている	
採用	落ち着きがない（キョロキョロしている）		なぜ、今回私たちの店舗に応募しようと思いましたか	
採用	履歴書がきちんと書かれていない（全ての項目を埋めていない・写真がない）		月にどのくらい欲しいですか具体的な金額はどれ位ですか	
採用	住所が言えない		働く場合いつから勤務につけますか	
採用	転職が多い（数ヶ月で仕事を変えている）		今まで一番長く続けた仕事は何で何位ですか	
採用	なぜ前のバイトを辞めたのか言えない		なぜ長く続けられましたか	
採用	質問に答えられない		私たちの店舗を利用されたことはありますか	
採用	自分の言いたいことを話せていない（黙ってしまう）		（学生）学校以外で何の活動をしていますか	
採用	他にもアルバイトをしている		働くとしたらどの位の期間活動を希望しますか	
予測問題→検討する	体育系の部活をしている		今まで部活等で自分自身でがんばったということはありますか	
予測問題→検討する	前職の期間が短い		コツコツと進めて自分が達成したことがあったアルバイトをされましたか	
予測問題→検討する	はい、いいえの相づちがやたらと多い（話を聞いていない）		過去にどんなアルバイトをされましたか	
予測問題→検討する	勤務時間が短い		その他の仕事はどうでしたか	
予測問題→検討する	何も質問できない→突然面接にきた		仕事に対しての目標は何ですか	
予測問題→検討する	連絡なく質問できない→突然面接にきた		今まで最近まで働かれていたアルバイトを辞めた理由は何ですか	
予測問題→検討する	家が遠い（通勤に45分以上かかる）		前職の仕事で一番嫌いだった仕事は何ですか	
予測問題→検討する	やたらと時給を気にする		自分で自分を分析すると自分はどんな人ですか	
予測問題→検討する	携帯を持っていない		年末・年始は出られますか	
積極的に採用	積極的に質問をしてくる（質問が具体的である）		GW、夏休み等の連休は時間の変更や延長は可能ですか	
積極的に採用	飲食店で働いた経験がある		急に来てもらうことになったときに出勤できますか	
積極的に採用	時間の融通が効く		希望以外のポジションでも勤務できますか	
積極的に採用	家が近い（通勤が20分以内）		希望以外のシフト（日・時間）でも勤務できますか	
積極的に採用	体育会系の部活に入っている		月に何回か土日も働いていただけますか	
積極的に採用	店内ポスターを見た（店舗を利用したことがある）		週に何回勤務できますか	
積極的に採用	あいさつが明るく元気がある		希望シフト通りに勤務につけない時があっても大丈夫ですか	
積極的に採用	リーダー的経験がある（部長・委員長など）			

Ⅲ　面　接

【面接で活用する】

　応募者に対する具体的な質問と採用基準ができたら、面接をする人を集めてミーティングを行い、意思統一する。せっかく作成した質問や基準も共有化しなければ意味がない。まずは内容を皆で共有化することである。

　できれば、作成する段階から面接する全員で行うことが最も効果的である。それが難しい時には、せめてこのミーティングの中で、面接者と応募者に分かれて繰り返しロールプレイングを実施しよう。実際に実施してみることにより短い時間で理解が深まる。

　意思統一ができたならば早速活用しよう。**質問内容と採用基準が面接時の面接表と合わせた１枚の紙になっている**となお良いだろう（図表29、30）。

　また、面接の進め方と採用・不採用の流れ（図表31）も合わせて載せておく。面接の時の参考にしてほしい。

《まとめ》

　面接は誰もが重要と感じている。ところが実際は質問内容や採用基準が明確になっていないことが多い。面接時に応募者への質問が抽象的であり、採用基準も店舗内（社内）で統一されていない。これでは自店舗にあった人を採用するための面接を行っているとは言えないだろう。せっかくの募集で集まった方の中から自店舗に合った人を採用するために、是非もう一度面接を見直してほしい。

　それは大きく２つ、
　① 質問内容を具体的にすること
　② 採用基準を明確にすること
である。この２つを明確にし実践していくだけで、今以上に自店舗に合った人を採用することができるだろう。

5　人財確保と戦力化

図表30　パートタイマー／契約社員用　エントリーシート

フリガナ		面接店舗	秋葉原店	
氏　　名		記入日	年　月　日	

求人募集を知ったきっかけ	1.求人掲載紙　2.店頭の募集案内　3.店舗の看板　4.知人に紹介された 6.その他（　　　　　　　　　　　　　　　　　　）
応募した動機	1.時給が良い　2.スケジュールが合う　3.家から近い　4.仕事に興味がある 5.楽しそうだから　6.その他（　　　　　　　　　　　　）

今までのアルバイト経験	社名・店舗名	業　務　内　容	期間	時給
			年　ヶ月	円
			年　ヶ月	円
			年　ヶ月	円

勤務希望　※勤務希望はあくまでも「希望」であり、勤務を保障されるものではありません。
A. 社員登用制度を利用したい　B. 長期希望（　　）年　C. 短期希望（　年　月頃まで）

	9:00	10:00	11:00	12:00	13:00	14:00	15:00	16:00	17:00	18:00	19:00	20:00	21:00
月曜日													
火曜日													
水曜日													
木曜日													
金曜日													
土曜日													
日曜日													
祝祭日													

長期・繁忙期休暇希望	【ゴールデンウィーク】5月2日（　）,3日（　）,4日（　）,5日（　）,6日（　）
	【お盆休み】8月12日（　）,13日（　）,14日（　）,15日（　）,16日（　）
	【年末年始】12月29日（　）,30日（　）,31日（　）,1月1日（　）,2日（　）,3日（　）
	【その他①】（　）月（　）日〜（　）月（　）日まで
	理　由
	【その他②】（　）月（　）日〜（　）月（　）日まで
	理　由
	【その他③】（　）月（　）日〜（　）月（　）日まで
	理　由
その他	残業（ OK ／ NG ）　シフト協力（ OK ／ NG ）
出勤開始可能日	A. 明日からでも可能　B.（　）月（　）日より可能（理由：　　　　　　）

留意して欲しいこと （家族、健康状態など） ※任意でご記入ください	

通勤交通費は原則全額支給。自宅から最寄り駅まで2Km以内は支給しない。交通費の支給の上限は30,000円まで。
最寄駅（　　　　）線（　　　　）駅　最寄駅までは　徒歩・バス・自転車・その他
本日ここまでの時間は　おおよそ（　　　）分

Ⅲ　面　接

図表31(1)　面接の流れ

ステップ	内容	ポイント
ステップ：1	案内する	■面接場所は事前に準備すること
ステップ：2	自己紹介する	■面接者本人（あなた）から、自己紹介をする
ステップ：3	履歴書を受け取る	■面接に集中する
ステップ：4	リラックスさせる	■座り方、テーブル配置にも注意をはらう ※プレッシャーを与えない
ステップ：5	相手を理解する	■相手の話を聞く ■相手の癖をみる
ステップ：6	業務内容の説明	■実体を分かりやすく、簡潔にまとめて話す
ステップ：7	勤務条件の説明	■要件、条件を明確に相手に伝える
ステップ：8	確認を取る	■必要事項の確認を忘れないこと
ステップ：9	採否の連絡or即決	■連絡方法、日時などを明確に伝える
ステップ：10	感謝とお礼	■あなたの店舗のお客様だということを忘れずに

5　人財確保と戦力化

図表31(2)　採用・不採用の流れ

```
                    ┌─────────┐
                    │  面接後  │
                    └─────────┘
                  ┌─────┴─────┐
              ┌───┴──┐     ┌──┴───┐
              │ 採用 │     │不採用│
              └──────┘     └──────┘
```

【採用】

【ポイント】
- ■基準を満たした応募者には、その場で採用を伝える
- □時間を空けると、応募者の都合もあり逆に断られる場合もある
  （他のアルバイトの採用が決まった……　など）

■基準を満たしているのならその場で採用を伝えて次回のスケジュールをその場で確認する

■検討が必要な場合、最低でも3日間以内に通知する

■面接者本人が必ず応募者本人へ直接連絡を取り、通知する
- ・直接言われる事で応募者自身のやる気が増します
- ・応募者はいつも電話を気にして過ごしています

■通知をした際に確認する
- ・最終的な応募者の意思を確認する
- ・採用の際に必要な物を確認する
  1、履歴書
  2、雇用契約書
  3、18歳未満は年齢証明
  4、身分証明書のコピー（学生証、運転免許証、保険証）
  5、源泉徴収証書
  ※外国人の方は外国人登録証明書
  （在留資格が留学・就学の方は資格外活動許可書）
- ・次回の出勤日時を正確に知らせる
- → 出勤日時が決定したら、ワークスケジュール表にオリエンテーションのスケジュールを記入する

【不採用】

【ポイント】
- ■不採用の場合は時間的な都合が合わない事で断る

■必ず面接を行なった人（店長）が応募者本人に直接伝える
- ・間接的な連絡では、お店の姿勢を疑われてしまいます
- ・家族等に連絡するといやな印象を残してしまいます

■連絡期日は絶対に守る
- ・応募者も都合があります

■履歴書の返送を確認する
- ・応募者の個人情報が記載されている大事な書類になります
- ・最後までしっかりと対応する事でお店の姿勢を判断されます

※断った応募者も、大事なお客様です！！

- 採用基準によって決定する
- 採用・不採用に関わらず本人に伝える

《ポイント》

1　質問・基準を明確（具体的）にする

　　抽象的であればあるほど人によって解釈に違いがでる。質問内容と基準はできるだけ具体的にすることだ。具体的であればあるほどギャップが少なくなる。

2　紙に整理する

　　頭の中だけで考えていても自分の感情や思い込みに左右されてブレることが多い。必ず紙に整理することだ。紙に整理することで冷静になるこもでき、整理することもできる。

3　質問・基準を共有化し活用する

　　整理した内容は必ず皆で共有化することである。そのためにミーティングの時間を設けよう。書面で渡しただけでは伝わらない。必ず時間を設けて伝えることだ。そして、共有化したならばすぐに活用する。活用しなければ意味がない。

> ## すぐに使える簡単ツール：面接手順書
> ### 「誰が面接しても基準のズレをなくすために」

目的（何のためのツールか）
　◇面接でのズレをなくす

メリット（使うことでどのような効果があるのか）
　◇共通した基準・認識で人を採用することができる
　◇面接時に面接者によって伝えることのバラツキがなくなる

　面接は大切なポイントの1つです。この面接をしっかりできているかどうかが、今後に大きく影響します。最初の入り口の段階でしっかり見極められることができると実際に勤務してもらったあともスムーズにいきます。
　ところが自社・自店の考え方に合っていなかったときには大きな問題になるのです。反対に面接をした際に条件等伝えるべきことを伝えていなければ、後々トラブルの原因にもなります。あなたがキチンと面接ができれば良いのではありません。あなた以外の人も面接ができ、かつあなたと同じ意識・内容でできるからこそ意味があるのです。そのために面接手順書を作成しましょう。
　作成は難しく考えずに、面接を進める手順・伝える内容をまとめたものです。ポイントを絞って、どういう順番でどういう内容で進めれば良いのかを一枚にまとめます。この一枚があれば誰が面接してもズレることなく進めることができるのです。作ったならば面接を担当する人を集めて面接手順書をもとに説明しましょう。
　人によって面接にバラツキがあるとか、あの人に面接させると言い忘れが多いなどと感じているならば、まずこのツールを作り、活用してみましょう。案外簡単に面接内容を合わせることができます。

Ⅲ　面　接

図表32

面接手順書
１．店長室に案内する。
２．自分から自己紹介を含め挨拶をする。（○○です。）
３．履歴書を受け取る
４．入社希望書に必要事項を記入してもらう。
５．その間に履歴書の内容を確認する。
６．リラックスさせる→雑談をする
７．最低限希望者に伝えなければいけない事の説明する。 ①勤務場所 ②時給　一般　　　朝～22時迄　　　円　　22時以降　　　円アップ 　※昇給方法 　※休暇・休日 ③交通費　　　　　　月額　　　円を限度額 ④給料および交通費の支給方法 　　　　　　　　銀行振込み。毎月月末〆の翌15日払いとする。 　　　　　　　　現在希望者が持っている口座に振込むため「給与振込依頼書」に必要事項に記入してもらい提出。 ⑤勤務時間 　月間173時間を上限とする。 　132時間以上勤務の場合社会保険の加入をしてもらう。 　１日４時間以上の勤務30分の休憩を取ってもらいこの間は給与計からのぞく。 　１日６時間以上の勤務１時間 ⑥福利厚生 　制服の貸出 ⑦シフトについて 　・基本的に前月の25日迄に翌月のシフトを担当へ提出。人数によって希望通りにならない場合もある事も説明。 　・無断欠勤無断遅刻は認めない。必ず連絡することの説明。 　・シフト変更後にスケジュールを変更したい場合は代替者を探すことの説明。 ⑧身だしなみの説明 　最低限として身だしなみセルフチェック表の内容の説明
８．上記①～⑦の内容について質問がないかの確認をする。
９．希望者の記入した履歴書、入社希望書を基に質問をする。
10．面接に来て頂いた事に対してのお礼を言い、合否の結果、連絡方法、日程の確認をする。

《ポイント》

1　書面にする
　　面接の手順・内容にバラツキがあれば当然結果もバラツキます。それを口頭でいくら注意しても変わりません。まずは書面にすることです。書面にすることでお互いのズレをなくすことができます。

2　皆に伝える
　　書面にしたならば、次は皆にその書面をもとに伝えることです。ただ、紙に書いて渡しただけでは同じようにバラツキがでるでしょう。作成した面接手順書をもとにして1つずつミーティング等で伝えることです。書面と口頭で伝え、確認するからこそ効果がでるのです。

Ⅳ 定 着

～入社したパート・アルバイトを早期に
辞めさせずに長く働いてもらうために～

Ⅳ 定 着

6　30分間オリエンテーションと5分間フォローアップ「すぐに辞めさせないためのオリエンテーション」

　入社した時のことを思い出してみよう。さまざまな手続きが済み、店舗へ配属された初日、どんな気持ちであったろうか。これからの仕事に対しての新たな決意、新鮮な気持ちであったに違いない。
　その反面、自分でできるだろうかという不安な気持ちもあったはずである。パート・アルバイトではなおさら不安になる。この最初の不安を取り除けるかどうかがその後の仕事に影響してくる。

《基本的な考え方》

【はじめに】
　あなたのお店のパート・アルバイトの早期退職者（1ヶ月以内で辞めていく人）はどれくらいいるだろうか。もし、1年間で5人以上、または採用者の半数以上退職していたら注意が必要である。
　図表33をチェックしてみよう。この表で○がひとつでもついたなら問題である。本来は店舗でやらなければならないことを行っていない。特にオリエンテーションをやっているかどうかは、採用後の在籍期間に大きく影響してくる。
　オリエンテーションとは、採用後、トレーニング（仕事を実際に行う）前に行う会社の方針やルールを伝え、方向付けをするための説明や教育である。

6　30分間オリエンテーションと5分間フォローアップ

図表33　チェックシート：当てはまるものに○をつけてみましょう

1	人が足りずに採用後すぐに現場に入れている	
2	早期退職者（1ヶ月以内に辞めていく）が1年間で5人以上いる	
3	やってほしいことが守られない	
4	自分自身パート・アルバイト全員の氏名が言えない	
5	面接後、新人スタッフと話すことは滅多にない	
6	店舗内に派閥ができている	
7	スタッフ同志顔を知っているが名前を知らない人がいる	
8	新人パート・アルバイトから話しかけられることがない	
9	新人パート・アルバイトの自己紹介は本人に任せている	
10	新人パート・アルバイトと他のスタッフが雑談しているのを見たことがない	

※1つでも○がついたならば、オリエンテーションをもう一度見直しましょう。

【なぜオリエンテーションを行うのか】

　オリエンテーションを実行している店舗と、実行していない店舗とでは、定着やその後のトレーニングの進行度合いに大きく影響してくる。オリエンテーションを行う時間を持たないと、結果として店舗にとってデメリットが多い。

　オリエンテーションの目的は不安を取り除くことである。スタッフが不安に感じているうちはスタートラインにも達していない。採用したスタッフの不安を取り除きスタートラインに立たせること、これが最初のポイントである。

　不安に感じたままならば、どんなに熱意を持ってトレーニングしてもなかなか吸収しきれない。まずは不安を取り除くこと、そのためにオリエンテーションを行うことである。

《具体的な進め方》

【オリエンテーションを行う前に】

　オリエンテーションを行う前に、店舗で受け入れ態勢ができているかを確認しよう。図表34のような事前チェックシートを用いてチェックする。

Ⅳ　定着

図表34　事前チェックシート

項　　目	OK・NG	NGの場合どうするか？
スタッフは、新人パート・アルバイトが入ることと店舗に来る初日を知っているか？		
オリエンテーションで伝える内容は決まっているか？		
ユニフォーム等本人に渡すものが一式揃っているか？		
雇用契約書等、必要な書類の予備はあるか？		
ロッカー等準備されているか？		
店舗規則（ハウスルール）は決まっており、皆の見える場所に掲示してあるか？		
トレーニング初日の内容が決まっているか？		
事務室・休憩室は整理整頓されているか？		
機器類で、故障、破損しており、スタッフが危ないと感じている機器はないか？		
あなただったら自店でアルバイトしたいか？もしくは知人にアルバイトを紹介できるか？		

　お店全体で新人パート・アルバイトを受け入れる体制ができていなければオリエンテーションをする以前の問題である。まずは店舗の受け入れをしっかりすることだ。

【オリエンテーションで何を伝えるか】
　オリエンテーションといっても難しく考えることはない。一番大切なのは店長であるあなたが、時間をとって相手の話を聞くことだ。最初の段階できちんとコミュニケーションを取ることである。
　面接ではあれほど話を聞いてくれたのに、採用されてからは一言も店長が声を掛けていない、オリエンテーションを店長以外の人が行っているという

話を聞くことがあるが、これは論外である。オリエンテーションはぜひ店長自ら行ってほしい。店長が行うからこそ新人の意識を高め、短時間で効果がでるのだ。

では、オリエンテーションで何を伝えればよいのだろうか。簡単に言えば、
① 会社や店舗の方針を伝えること
② やって欲しいこととやってはいけないこと
の2つである。

会社や店舗ではどのような考え方をもっているのかを、店長であるあなた自身の言葉で語ることが大切である。

次に、お店でやって欲しいこと、例えば当たり前だがあいさつをする、落ちているゴミを拾う等（図表35）を伝えることだ。

反対にしていはいけないこと、例えば遅刻や身だしなみの乱れ、仕事中の携帯電話でのメール等も伝えることである。してはいけないことに関しては、図表36のように写真でわかるようにして見せることで、より相手に伝わりやすくなる。

話し終わったら、最後に、お店を一周して働いている皆に紹介しよう。新人パート・アルバイトが不安になるひとつは誰が誰だかわからず声を掛けに

図表35　ルール（お店でやって欲しいこと）

1	挨拶をキチンとしましょう！
2	身だしなみをキチンとしましょう！
3	店内をきれいに保ちましょう！
4	お客様の声を集めましょう！
5	整理整頓をこまめにしましょう！
6	先入れ先出しを徹底しましょう！
7	汚れを見つけたら拭きましょう！
8	ゴミを見つけたら拾いましょう！
9	手のあいているときは掃除しましょう！
10	時間をしっかり守りましょう！

Ⅳ　定着

図表36　やってはいけないルールの例

ルール　やってはいけないルールの例

　従業員として店舗の中でやってはいけないことがあります。皆さんが楽しく働いていくためにルール違反は絶対にしないようにしましょう。

【やってはいけないこと】
・マニュアルやルールを守らない。
・店の材料・物品を私用に使ったり許可無く持ち出す。
・店の設備や備品を汚したり傷つけたりする。
・定められた場所以外での食事・休憩・喫煙。
・店内での賭事や遊び。
・仕事中の雑談。
・金銭のごまかしや着服。
・他人の持ち物を無断で使用する。
・私用電話や私的な訪問を受ける。
・商品の無料提供をする。
・許可無く職場を離れる。
・同僚やお客様の品定めをする。
・公休日や勤務時間外の職場への立ち入り。
・不平不満や他人の悪口を言う。

NGマニュアル一例

現金を盗まない

誰も見ていないな…

犯罪

犯罪です。警察に通報します。
他人の財物を窃取した者は、窃盗の罪とし、10年以下の懲役に処する（刑法第235条）

図表37　オリエンテーションリスト（30分用）

STEP 1	必要事項	チェック	ポイント
自己紹介	①自分・社員の自己紹介 ②店舗の電話番号の確認		自分から自己紹介する・雑談を交えながら
STEP 2	必要事項	チェック	ポイント
店舗ルールについて	①基本ルールの確認 ②店舗のルール説明		タイムカード シフト表の提出・給与の支払い方法等の説明 やってほしいこと やってはいけないことを伝える
STEP 3	必要事項	チェック	ポイント
スタッフ紹介	①その日勤務のスタッフを紹介 ②不在スタッフの名前の確認		店舗での役割、キャリア説明 店舗での役割、キャリア説明 ※店舗内を案内しながらスタッフに紹介する

くいというのもある。店長であるあなたが働いている人たちに「今度入った○○さんです。よろしくお願いします」と一言伝えておくだけでも大きく変わる。このちょっとしたことをやるかやらないかが離職率では大きな違いとなる。

　時間は30分程度で構わない。いままでオリエンテーションをやっていなかったならば、図表37のように簡単なところからはじめていこう。オリエンテーションを実践するだけで、パート・アルバイトの働き方が大きく変わってくることに気づくだろう。

【オリエンテーションの実践】

　まずはオリエンテーションをやってみよう。そして、あなた自身がオリエンテーションをやることに慣れてきたら次の段階に進める。少しずつ話す内容を増やし、時間をとって丁寧に教えていくことである。
　教える内容は図表38のような内容である。会社の考え方をより深く伝え、

Ⅳ 定着

図表38 オリエンテーションリスト（60分用）

No.	項目	詳細・ポイント・他	チェック欄	店長
はじめに	自己紹介			
	①自分・社員の自己紹介			
1	書類チェック			
	①履歴書の記入、作成	A. 必要事項の記入		
		B. 印鑑		
		C. 写真		
	②雇用条件の確認	基本スケジュール・時給など		
	③雇用契約書の作成	A. 必要事項の記入		
		B. 印鑑		
		C. 同意書の確認（筆跡・印鑑）		
	④タイムカードの作成	①～③がすべてそろっていること		
2	スケジュールの説明			
	①提出方法	※提出期日等		
	②変更の場合	※変更する場合の確認		
	③次週のスケジュール提出	※提出させてみる		
3	電話連絡について			
	①店舗の電話番号の確認			
	②本社の電話番号の確認			
4	給与について			
	①締め日・支払日の確認			
	②基本給・能力給について	※キャリアパスプラン		
5	経営理念・企業姿勢			
6	スタンダード（基準）			
	①商品	※以下、マニュアルで見せる		
	②接客サービス			
	③清掃			
7	ハウスルールについて			
	①店舗のルール説明			
	②やってはいけないことの説明			
8	トレーニングシステムについて			
	①キャリアパスプランについて	※キャリアパスプラン		
	②トレーニングツールについて	※マニュアル・トレーニングボード		
	③評価について			
9	タイムカードの使用法			
10	ユニホームの貸与			
	①更衣室の使用方法			
	②ユニホームの取扱い説明			
11	アピアランス（身だしなみ）について	※写真で見せる		
12	スタッフ紹介			
	①本社紹介			
	②店舗スタッフ紹介	※その日勤務のスタッフを紹介 ※不在スタッフの名前の確認		
最後に	店舗ツアー			
	①店舗案内			
	②什器備品の名称と使用方法			

あなたの店舗に対する思い、そして、具体的な評価制度等までを教えていく。時間をとって伝えれば伝えるほど新人パート・アルバイトと関係がつくれ、不安は少なくなっていく。

　オリエンテーションの項目を増やしていく中でポイントが１つある。それはシンプルにすることだ。入ったばかりの人にあれこれ伝えても記憶に残りにくい。ポイントだけを伝えていくことである。

　例えば評価制度についての説明は図表39のように簡単にまとめ伝える。そして、書面で相手に渡し、わからなければ見直せるようにすることだ。

【オリエンテーションガイド】

　オリエンテーション内容が形になってきたら簡単な冊子を作ろう（図表40）。オリエンテーションを受けた人が後で見直せるように、オリエンテーションで説明した内容を書面にする。その際には、先ほども述べたように、できるだけシンプルにすることである。シンプルでなければ説明してもあまり新人パート・アルバイトには通じない。

　繰り返しになるが、オリエンテーションでは、こと細かく説明することが大切なのではない。相手の不安を取り除くことである。多くを詰め込んで複雑にしてしまうと、結果的に何も残らないことになってしまう。

　先ほど述べたように、最初はやって欲しいこととやってはいけないこと、そして店舗の簡単なルールを書いたものだけで実施しても効果がある。そして、最後に必ず店長であるあなたが主催者になって、必ず自己紹介の場をもつことである。

　さらに加えるならば、新人紹介をスタッフボード（店舗全従業員の名前を貼り出しているボード）に貼り出すこと、特にスタッフボード内にオリエンテーション前に貼り出すと効果がある。

【フォローアップオリエンテーション】

　オリエンテーションを終えトレーニングを開始したならば、店長であるあ

Ⅳ　定　着

図表39　スタッフ評価制度

☆ **スタッフとは？**
アルバイトさん・パートさんを当社ではスタッフと呼んでいます。
社員とパート・アルバイトの垣根をなくし皆に責任ある仕事を任せることで、
やる気と責任感を育て、一人ひとりが成長してもらうという意味があります。

☆ **スタッフ評価制度とは？**
頑張って仕事を覚えてやってくれる方をきちんと評価する為の制度です。

☆ **評価とは？**
評価といっても堅苦しいものではなくて、ある一定の仕事が出来るように
なればランクが上がっていくというものです。

☆ **役職・ランクとは？**
役職は4段階、うちランクがトレーナー・リーダーに
各2段階あり、全6段階あります。
皆さん初めはトレーニーという役職・ランクからスタートします。
仕事を覚えて頑張ってやってくれると、どんどんランクが上がっていくのです。

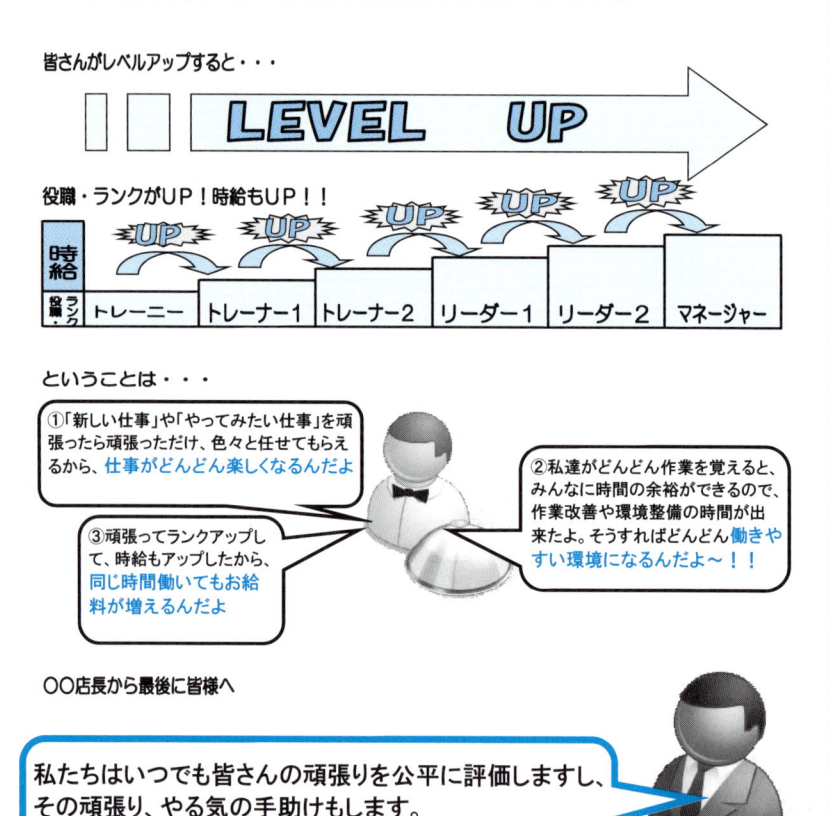

皆さんがレベルアップすると・・・

LEVEL UP

役職・ランクがUP！時給もUP！！

時給						
役職・ランク	トレーニー	トレーナー1	トレーナー2	リーダー1	リーダー2	マネージャー

ということは・・・

① 「新しい仕事」や「やってみたい仕事」を頑張ったら頑張っただけ、色々と任せてもらえるから、仕事がどんどん楽しくなるんだよ

② 私達がどんどん作業を覚えると、みんなに時間の余裕ができるので、作業改善や環境整備の時間が出来たよ。そうすればどんどん働きやすい環境になるんだよ〜！！

③ 頑張ってランクアップして、時給もアップしたから、同じ時間働いてもお給料が増えるんだよ

〇〇店長から最後に皆様へ

私たちはいつでも皆さんの頑張りを公平に評価しますし、
その頑張り、やる気の手助けもします。

6 30分間オリエンテーションと5分間フォローアップ

図表40　オリエンテーション用冊子

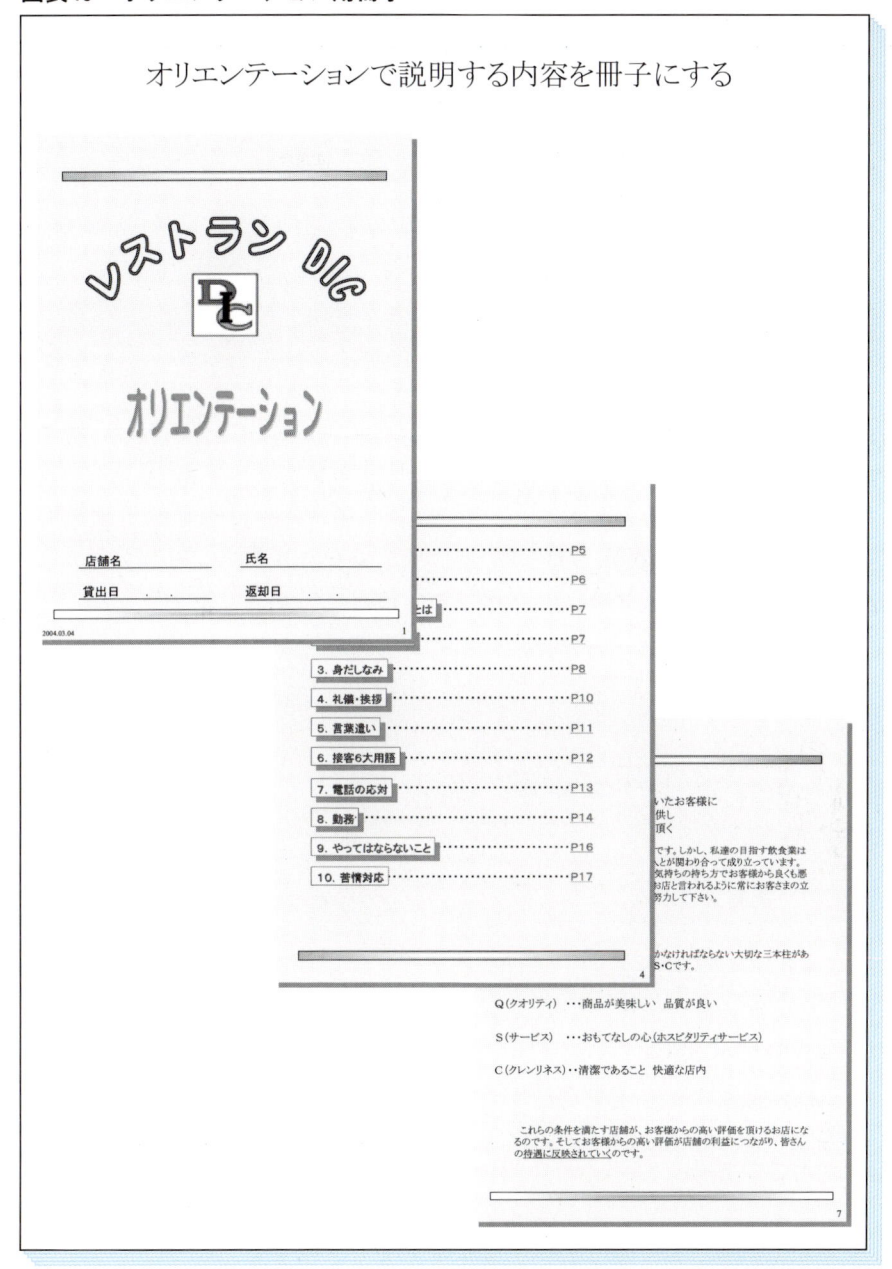

オリエンテーションで説明する内容を冊子にする

レストラン DiC
オリエンテーション

店舗名　　　　　氏名
貸出日　　　　　返却日
2004.03.04

…とは	P5
	P6
	P7
	P7
3. 身だしなみ	P8
4. 礼儀・挨拶	P10
5. 言葉遣い	P11
6. 接客6大用語	P12
7. 電話の応対	P13
8. 勤務	P14
9. やってはならないこと	P16
10. 苦情対応	P17

…いたお客様に
…供し
…頂く

…です。しかし、私達の目指す飲食業は
…とが関わり合って成り立っています。
…気持ちの持ち方でお客様から良くも悪
…お店と言われるように常にお客さまの立
…努力して下さい。

…かなければならない大切な三本柱があ
…S・Cです。

Q（クオリティ）…商品が美味しい　品質が良い
S（サービス）…おもてなしの心（ホスピタリティサービス）
C（クレンリネス）…清潔であること　快適な店内

　これらの条件を満たす店舗が、お客様からの高い評価を頂けるお店になるのです。そしてお客様からの高い評価が店舗の利益につながり、皆さんの待遇に反映されていくのです。

Ⅳ 定着

なたが次に行うことは、新人パート・アルバイトのフォローアップである。入社後1週間以内にフォローアップオリエンテーションを行う。それは早期退職防止のためである。

フォローアップは固く考えずに、立ち話程度で構わないので、5分程度新人パート・アルバイトと話をする。その際に注意すべきことは、ただ雑談をしたり、「大丈夫？」「慣れた？」と相手が「はい」といわざるを得ない質問をしないことである。よほどのことがない限り「大丈夫？」と聞けば「大丈夫です」と答えるし、「慣れた？」と聞けば「慣れた」と答える。

では、どういう質問がよいのだろうか。それは店舗スタッフの名前を尋ねてみることだ。「○○さん、仕事して1週間ぐらいたつけど誰と話した？」この質問に対して「○○さんと△△さんと☆☆さんと……」と多くの人の名前がでればコミュニケーションが取れているとわかる。名前が出てこなかったり「メガネを掛けた人、背の高い人……」といった特徴しか出てこなかったりした時には要注意である。店舗に打ち解けていない可能性がある。打ち解けていないということは早期に辞める可能性が高い。

もし、そういう状況になったならば、再度あなたが一緒になって店舗全スタッフ皆にあいさつをしにいくことだ。店舗全スタッフとのコミュニケーションがとれることが早期退職の一番の防止策となる。

図表41　実施上のポイント

1．オリエンテーションから1週間後ぐらいに行う
2．決めた日は変えずに行う

■リラックスした雰囲気の中で…
■スタイルや型式にとらわれないで…

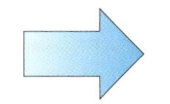

　→

—質問する【例】—
①人の名前…
②商品の値段…
③仕事の内容…
④店舗の印象…
※特に人の名前を質問すると効果的！
「誰の名前を覚えている？」

また先ほどの質問では「仕事では何を覚えたの？」「うちの店舗の商品で何を覚えた？」と聞くのも1つである。覚えた仕事が少なかったり、商品が少なかったりした場合、やはり周りと打ち解けていないし、店舗に慣れていない。
　このフォローアップオリエンテーションというちょっとした時間（5分）をあなたがさけるかどうかもその後の離職率に大きく影響してくることを再度認識してほしい（図表41）。

《まとめ》

　新人パート・アルバイトに早く仕事を覚えて欲しい、辞めないで欲しいとあなたが思っていても、最初にオリエンテーションをしなければその目標は達成されない。
　入社直後のオリエンテーションとフォローアップは大切である。このちょっとした時間が割けるかどうかは、それだけあなたがパート・アルバイトのことを人財と考えているかどうかに比例する。まずは短い時間でも良いのでオリエンテーションを実施して欲しい。
　はじめに新人パート・アルバイトの不安をとり除くこと、そのために店長であるあなたが先頭に立って積極的にコミュニケーションをとること。これが最初の第一歩である。

Ⅳ 定 着

> 《ポイント》
>
> 1　オリエンテーションを実施する
>
> 　短い時間でも構わないので、まずはオリエンテーションを実施しよう。実行するのとしないのとでは結果が違う。まずはやってみることだ。
>
> 2　説明する内容は簡単にする
>
> 　最初に難しいことやたくさん教えても伝わらない。ポイントを押さえ、これだけは理解して欲しいことに絞ることだ。
>
> 3　フォローアップを行う
>
> 　オリエンテーション後1週間以内にフォローアップを行う。その際には店舗に打ち解けているかどうかの質問をする。このわずかな時間(5分程度)を行うかどうかが早期離職を防ぐポイントになる。

> すぐに使える簡単ツール：店舗ルール
> 「やってほしいことを明確にする店舗ルール」

目的（何のためのツールか）
　◇全スタッフに当たり前のことを当たり前にしてもらう
メリット（使うことでどのような効果があるのか）
　◇店舗のスタンダードのブレをなくす
　◇顧客満足の向上

　何度言っても店舗でルールが守られない。そんな経験はないでしょうか。そのできていない内容が「あいさつ」や「ゴミを拾う」など、単純なものになればなるほど店長として感情的になってしまいます。
　当たり前のことができなければ、いくら利益・売上アップと言ってもなかなか先へ進まないでしょう。そのような時はぜひ「店舗ルール」を作成し、見直しましょう。
　「店舗ルール」はあなたが一人で決めても意味がありません。あなたと社員および核となるベテランパート・アルバイトを交えて決めることです。
　決め方はミーティングを行い、ひとりずつ「当たり前にしなければならないが、今店舗でできていないことは？」と質問し、皆に紙に書いてもらいます。質問に口頭で答えてもらうと最初に言った人の答えに流されてしまい、たくさんの意見を集めにくくなってしまいます。紙に書いてもらい、それからそれぞれ発表してもらいましょう。
　こうして10項目ぐらいのルールを作成します。
　ポイントは皆に決めてもらうことです。あなた自身がこうしよう、ああしようと伝えるよりも、皆に出してもらった方が自分で決めたと感じ、継続しやすいのです。
　項目を出したら、ルールを紙に書いて貼り出します。そして、全従業員に

Ⅳ　定　着

ルールを伝えることです。その際に、ルール作成に参加したパート・アルバイトに発表してもらうことです。皆をできるだけ巻き込むことが実行に移し、継続するための鍵になります。

　ルールを決めたならば半年に１度は見直しましょう。あまり短い期間で見直すのは意味がありません。かといっていつまでも同じルールではだらけて

図表42　店舗ルール

店ハウスルール

1　私は必ず15分前には出勤し、持ち場に5分前にはつき引継ぎを受けます。

2　私は出勤時と退勤時に必ずうがい、手洗いをします。

3　私は勤務中私語を慎みお客様へ最高のサービスをします。

4　私は勤務時は周囲に迷惑が掛かるような香水はつけません。

5　私は作業服を3日に1度は(汚れたら随時)必ず洗濯し、清潔な状態で勤務します。

6　私は勤務時は必ず爪を短く切ります。

7　私は勤務時何か変化や異変があったらすぐに責任者に報告します。

8　髪は肩に掛からない、前髪はまゆげより下にはたらさない。

9　何事も整理整頓。(私物の整理)

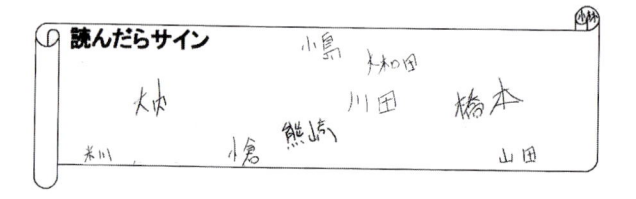

読んだらサイン　小島　木村田　大ゆ　川田　橋本　米川　小倉　熊崎　山田

しまいます。半年、長くとも1年に1回は見直します。

　見直す際には、ルールの中で店舗で実践できるようになったものを新たなルールと置き換えるのです。この時にも皆に出してもらうことです。できるようになったら入れ替えていく、これを繰り返すうちにあなたの店舗で当たり前のことが当たり前にできるようになっていくのです。

　当たり前のことが当たり前にできるお店が結果（利益・売上）を出しやすいのです。

《ポイント》

1　皆を巻き込む

　あなた一人が頑張っても実践されなければ意味がありません。特に現在できていないことをできるようにするのは一人の力では難しいのです。一緒に働いている社員やパート・アルバイトを巻き込みましょう。

　多くの人を巻き込めるかどうかが実行する鍵になります。

2　定期的に見直す

　ルールを決めたならば定期的に見直します。いつまでも同じルールではそのうち忘れられてしまいます。また、あまり頻繁に変えると同じくルールを守りにくくなるので、半年に1度または1年に1度見直す機会を設けましょう。それがルールを継続するポイントです。

Ⅳ　定　着

> すぐに使える簡単ツール：スタッフボード
> 「新人パート・アルバイトを仲間にするためのスタッフボード」

目的（何のためのツールか）
　◇パート・アルバイトの定着率アップ
メリット（使うことでどのような効果があるのか）
　◇早期退職を防ぐ
　◇店舗従業員同士のコミュニケーションをとりやすくする

　同じ店舗でも知らない人がいるというのは寂しいことです。店長や社員はパート・アルバイトの全員を知っているのは当然のことですが、パート・アルバイト同士で知らない人がいるということが結構あるものです。朝働いている人と夜働いている人で名前も知らない、または名前を知っているけど顔はわからないというのでは同じ店舗で働く者同士として残念ながら1つにまとまっているとは言えません。

　店舗の中に知らない人がいないようにするために、今回は「スタッフボード」を紹介します。これは在籍している人の名前や写真を貼りだすものです。ただそれだけなのですが、自分のお店に在籍している人は何人で、どんな人なのかがすぐにわかります。その結果、例えば、朝働いている人と夜働いている人がたまたま会ったときに話すきっかけが作れるのです。

　また、夜と朝との引き継ぎをノート等で行う場合も、朝働いている人はどんな人なのかがわかると、引き継ぎノートにも書きやすいのです。また全員の名前や写真を貼ることで、自分も店舗の一員（認められている）と認識させることができます。

　さらに、進めるならばパート・アルバイトのランクごとにしていくのも1つです。上のランクに上がるために頑張ろうとモチベーションアップがはかれるのです。

すぐに使える簡単ツール：スタッフボード

　店舗で働くお互いが名前もわからずに黙っている状態は好ましいものではありません。せっかく縁あって同じお店で働くのですから、全スタッフがお互いを何かしら知っている状態にすることがよいのではないでしょうか。そのためにも、ぜひスタッフボードを活用してください。写真を貼るのに抵抗があるのであれば、最初は名前だけでも大丈夫です。

　1つの店舗で共通の目的に進んでいくためには、お互いを知っておくことが第一歩です。

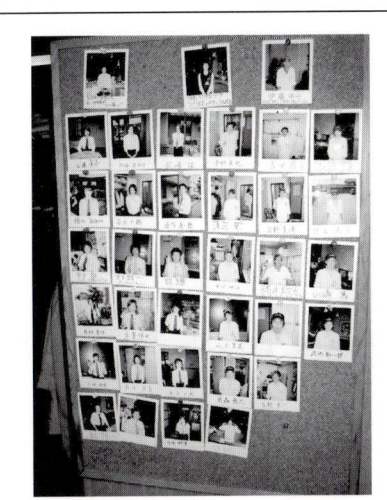

図表43　スタッフボード

※注意点……ランクが上がったり、新人が入店した際などはすぐに変更や貼りだすことです。「あとでやろう」ではそのうちにスタッフボードそのものが忘れ去られてしまいます。

Ⅳ　定　着

《ポイント》

◇全員貼りだす

　　実施するときには店長をはじめ全員で行います。一人でも欠けてしまっては意味がありません。

◇新人パート・アルバイトは初日に貼れる準備をする

　　よくありがちなのが新しいパート・アルバイトの方が入ったときに貼らずに何日または何週間も経ってしまうことです。できれば初日には貼られていて受け入れる姿勢を見せると、最初からやる気をださせることができます。

　　貼らなければ店舗の一員と認められないと感じさせてしまうので注意が必要です。

Ⅴ 退　職

~辞めていくパート・アルバイトを
お店のお客様にするために~

Ⅴ 退　職

7　円満な退職法
「辞めていくパート・アルバイトを店舗の顧客にするために」

　どんなパート・アルバイトであっても、お店を去る日（退職日）は必ずやってくる。退職の時に、あなたはどのように対応しているだろうか。最後にどのように接したかがポイントになる。それは退職した人はあなたのお店のお客様になりうるからだ。

《基本的な考え方》

【はじめに】
　採用・トレーニング・評価に関して力を入れている人はたくさんいる。ところが退職時に力をいれている人は驚くほど少ない。辞める日に「お疲れ様、いままでありがとう」と声を掛けるのならまだしも、辞めるその日に店長が

図表44　チェックシート：当てはまるものに○をつけてみましょう

1	気付いたら人が辞めていたことがある	
2	突然辞めますと言われたことがある	
3	退職時は事務的な話しをするだけである	
4	退職時他の人に対応させることがある	
5	退職面談をやっていない	
6	退職していく人に時間を割くのはもったいないと思う	
7	辞めていく理由を聞いても仕方がない	
8	辞めていく人の意見を聞くことは少ない	
9	退職後連絡をしても出てくれない	
10	退職者がお店にお客様として来ることは少ない	

※○が1つでもついたなら退職時の対応を見直してみましょう。

いないという驚くようなお店も存在する。あなたのお店はどうだろうか（図表44）。せっかく一緒に仕事をしてきたパート・アルバイトを最後までしっかりと見送ることが大切である。

【退職時の対応の重要性】

いままでパート・アルバイトであった人が退職する。それはただあなたのお店を去るのではない。今後、あなたのお店のお客様に戻るということだ。採用する前まではあなたのお店のお客様であり、退職したあとは再度あなたのお店のお客様になる。そう考えるならば退職時の対応も変わってくるだろう。

お客様になった時に、あなたやあなたのお店での最後の扱い方がお店の印象を決めてしまう。良い対応であれば、またお店を利用したいと思うだろうし、周りに対してもあなたのお店を勧めてくれる。ところが反対に、最後の対応が悪かったならば、あなたのお店に二度と来ないだけでなく、「あのお店はひどい」とまわりに伝えていく。ちょっとした対応の差でこのようなことが起きてしまうのだ。最後こそしっかりとした対応をしたいものである。

《具体的な進め方》

【退職面談の実施】

退職時には必ず面談をすることだ。辞めていく人に面談する意味があるのか、時間がもったいないと考える人がいるかもしれない。だが、この退職面談こそがポイントである。わずか5〜10分程度で構わない。この面談の時間をとるからこそ、辞めていくパート・アルバイトは最後までお店に対して良い印象を持ってくれるのだ。

パート・アルバイトが辞めていくその日の勤務終了後に時間をとって面談を行おう。もし、どうしても都合がつかないならば退職日前でも構わない。時間をとって話をすることが大切である。立ち話や仕事をしながらの話ではなく、きちんと時間をとり、しっかり話をすることだ。

Ⅴ 退　職

最後に話をするからこそ、辞めていくパート・アルバイトも店長は私のことを必要としていた、認めてくれたと感じる。

■ STEP１：時間をとる

まずは退職面談の時間をとろう（図表45）。相手に声を掛けて最終勤務日の終了後、難しければその前でも構わないから日時を決めることである。

もし、この時点で相手が断ってきたならば注意が必要である。その人はあなたのお店で仕方なく働いていただけかもしれない。特に思い入れがなく、ただお金のためと割り切って働いていただけかもしれない。

面談を断ってきた時には再度あなたのお店の状況を店舗チェックシートでチェックすることである（図表46）。

■ STEP２：面談前の準備

退職面談前には準備をしてからのぞむ。準備といっても難しいことではない。今回退職する相手の仕事上での良かった点を２、３ピックアップする。

図表45　退職面談の手順

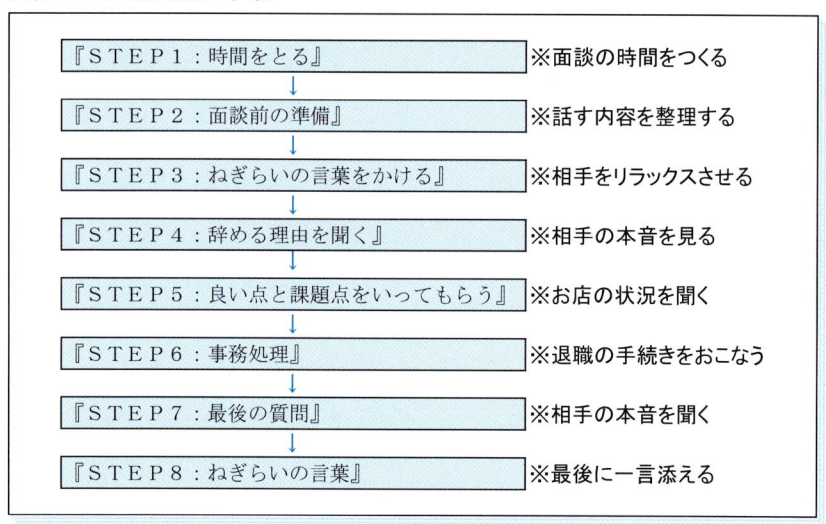

『ＳＴＥＰ１：時間をとる』	※面談の時間をつくる
『ＳＴＥＰ２：面談前の準備』	※話す内容を整理する
『ＳＴＥＰ３：ねぎらいの言葉をかける』	※相手をリラックスさせる
『ＳＴＥＰ４：辞める理由を聞く』	※相手の本音を見る
『ＳＴＥＰ５：良い点と課題点をいってもらう』	※お店の状況を聞く
『ＳＴＥＰ６：事務処理』	※退職の手続きをおこなう
『ＳＴＥＰ７：最後の質問』	※相手の本音を聞く
『ＳＴＥＰ８：ねぎらいの言葉』	※最後に一言添える

図表46　店舗チェックシート

項　　　目	OK・NG	NGの場合どうするか？
スタッフは、新人スタッフが入ることと店舗に来る初日を知っているか？		
オリエンテーションで伝える内容は決まっているか？		
ユニフォーム等本人に渡すものが一式揃っているか？		
雇用契約書等、必要な書類の予備はあるか？		
ロッカー等準備されているか？		
店舗規則（ハウスルール）は決まっており、皆の見える場所に掲示してあるか？		
トレーニング初日の内容が決まっているか？		
事務室・休憩室は整理整頓されているか？		
機器類で、故障、破損しており、スタッフが危ないと感じている機器はないか？		
あなただったら自店でアルバイトしたいか？もしくは知人にアルバイトを紹介できるか？		

　最後の面談で気持ち良く送り出すためにも相手の良い点を整理しておくことだ。

■ STEP３：言葉をかける

　準備が終わり、退職の日時になったなら面談を始める。面談を始める時には、今まで働いてくれたことに関してねぎらいの言葉を伝える。「本当にいままで助かったよ」「ありがとう」「お疲れ様」といったことを伝えていく。
　最初にねぎらいの言葉を掛けた時に面談の準備の時の仕事上で辞めるパート・アルバイトの良い点を伝える。ねぎらいと仕事上の良い点を伝えることで相手もリラックスするし、この後の話がスムーズにいく。

Ⅴ　退　職

■ STEP 4：辞める理由を聞く

　今回の辞める理由を再度聞いてみる。この時に辞める理由が明確な時には問題はない。例えば「就職する」「ご主人の転勤にともなって」等々人生の節目の話なら大丈夫である。ところが辞める理由が明確ではない、辞める理由が以前聞いたのと違う、辞める理由が長くて、ひとことで言えないということならば要注意である。それはあなたのお店に何かしら課題があるということだ。働きたければ別のお店でと考えているのかもしれない。今の仕事に対して何かしら不満があるということだ。

　もし、これらの辞める理由がでたならば、その人を問いただすのではなくSTEP 1の（図表46）を活用し、再度店舗の受け入れ状況を確認することだ。なにかしら働くのが嫌な理由のヒントがみつかるだろう。

■ STEP 5：良い点と課題点をいってもらう

　面談の中では次にお店の良い点と課題点を聞いてみよう。するとお店の今の状況が見えてくる。良い点は続けていくようにし、課題点は改善する。退職面談をした人の答えが良い点が少なく、課題点が多いならば、あなたのお店は働きにくい状況になっているのかもしれない。その時には再度店舗をチェックすることとともに店舗スタッフ一人ひとりと面談し、現状を再度把握する。もし、退職面談時に課題と言われたことを皆が感じているならば早急に改善することだ。

■ STEP 6：事務処理

　一通り話が終わったならば、事務手続きをしよう。名札・ユニフォームやお店・会社から貸与したものを返してもらうなどの手続きをする。

　また、復職時の制度があるならばそのことも伝える。

■ STEP 7：最後の質問

　退職面談では最後に次の質問をして欲しい。それは「辞めた後もお客様と

7　円満な退職法

図表47　退職面接表

面接者氏名			面接日時　年　月　日　時		
退職者名	勤務開始日	勤務日数	最終ランク	最終時時給	

退職理由

NO	項目	質問	
1	退職予告日	退職予定日はいつでしたか？	日前
2	お客様として	これからもお客様として来店してくれますか？	Yes / No
3	紹介	働きたい人を紹介していただけますか？	Yes / No
4	退職時返却物	退職時の返却物を返していただけましたか？	Yes / No
5	復職時の説明	復職時の説明をしましたか？	Yes / No
6	給料日	最後の給料日を確認しましたか？	月　日

その他コメント欄

上長の指導コメント

上長の承認

して利用してもらえるか」と「知人で働きたい人を紹介してもらえるのか」の2つである。

この質問に対して即座に「お客としてきますよ」「手伝ってもいいですよ」と答えたならばお店に対して良い印象を持っている。ところが「ちょっと難しいですね」や沈黙したり、答えるまでに時間がかかるようならば注意が必要である。これは、あなたのお店というよりはあなた自身が周りとうまくコミュニケーションを取っていない可能性がある。もし、良い関係がとれているならば即答してくるだろう。仮に難しいなと思っても「わかりました、できるときに手伝います」といった回答になる。

この最後の質問は、あなた自身の店舗従業員との関係を見つめ直すために必要なのだ。

■ STEP 8：ねぎらいの言葉

最後に再度ねぎらいの言葉を掛けて面談を終わらせよう。

今までの流れを（図表47）のように1枚の面接表にすると活用しやすくなる。また、記録として保管しておけば、復職時には後で見直すこともできる。

《まとめ》

退職面談は短時間ででき、退職者に良い印象をもってもらうことができるだけでなく、今のお店の状況を把握することができる。お店が働きやすい環境ならば今の状況を続けていく。もし課題が多いならば改善していくことだ。

退職時のちょっとした話がいろいろな意味でお店に良い印象を与えていく。退職時には時間をとって必ず面談をしよう。

《ポイント》

ポイント１：退職者はお客様であることを理解する

　今まで働いていた人も、辞めればお客様のひとりである。できるだけ去りぎわに良い印象をもってもらうこと。そのためにはあなたが最後に話す時間をつくることだ。

ポイント２：退職面談を通してお店の現状を把握する

　退職面談を通して良い印象を持ってもらうこととともに、もう１つはお店の現在の良い点と課題点を出してもらう。辞めていく人に直接聞くだけでなく、面談をしながら相手の表情や態度で、お店に対してどのような印象をもっているのかを感じることができる。

　ただ面談をするだけでなく、同時にお店の状況も把握する。

ポイント３：良い点は継続し、課題は改善する

　退職面談時に現状を把握したならば行動に移す。実際にチェックシートを用いて店舗状況を確認するのもひとつ、またベテランスタッフとミーティングを持つのもひとつ、一人ひとりと面談するのもひとつである。

　そして、店舗の良い点は継続し、課題点はすぐに改善することで理由なき退職者を減らすことができる。

Ⅴ 退 職

8 問題あるパート・アルバイトへの対処法
「より良い店舗にするために」

　今あなたは、自分の店舗に辞めてもらいたいと思うパート・アルバイトがいるだろうか。もしいるならば、その辞めてもらいたいパート・アルバイトに、今後どのように接していくつもりだろうか。ただ、心の中でなんとかならないかと考えていても先へ進まない。きちんとした対応をしていくことである。

《基本的な考え方》
【はじめに】
　店舗で仕事をしていくうえで、順調にいくこともあればなかなかうまくいかないこともある。一緒に働いている人たち全てが会社・店舗の方針に従い、問題なく働いてくれればいいのだが、うまくいかないことも起こりうる。さらに進めば、あなた自身「辞めてもらいたい」という気持ちになってしまうこともあるだろう。その時にどのように対応しているだろうか。
　図表48のチェックシートをつけてほしい。もし該当する箇所があるならば注意が必要である。問題あるパート・アルバイトの対処法をみていこう。

【問題あるパート・アルバイト】
　問題あるパート・アルバイトは誰が悪いのだろうか。本人だろうか、店舗だろうか、それともあなた自身だろうか。とくに辞めてもらいたいパート・アルバイトがいるならば、そのような気持ちになる人を生み出してしまったお店の環境が悪いとも言える。つまり、その環境を作り出してしまったあな

8 問題あるパート・アルバイトへの対処法

図表48　チェックシート：当てはまるところに○をつけてみましょう

1	辞めてもらいたい人がいる	
2	定期的に辞めてもらいたい人があらわれる	
3	なかなか変えて欲しいことを口に出来ない	
4	表面では良い人を演じているが本当は今すぐにでも辞めてもらいたい人がいる	
5	定期的な評価をおこなっていない	
6	面談をすることはほとんどない	
7	変えてほしいこと（問題）があっても本人に伝えていない	
8	辞めてもらいたい人がいるが仕方なく一緒に仕事をしている	
9	全員と面談をしたことが一度もない	
10	仕事以外の話しはほとんどしない	

※○が１つでもついたならば、もう一度お店を見直しましょう。

た自身が問題なのではないだろうか。例え、その辞めさせたい人がいなくなっても、店舗の環境が変わらなければ、辞めさせたい人がまた生み出されることになる。それをなくすには、今の店舗の環境そのものを変えていくことである。もっと言えば、あなた自身を変えることだ。

《具体的な進め方》

【環境を変える】

　辞めさせたい問題あるパート・アルバイトは本人自身にも問題があるのかもしれない。しかし、その前にお店がそのような人を生み出す環境になっているかもしれないので注意が必要である。

　朱に交われば赤くなるというように、お店の状況が良ければその状況に染まり、辞めさせたいと思うような人は生まれない。反対に辞めさせたいような人がいるならば、それはあなたを含め、まだまだ店舗の状況が良くないということだ。まずは環境を改善しよう。

【コミュニケーションをとる】

　辞めさせたいと思うような人をつくらないためには、環境を改善すること

Ⅴ 退　職

図表49　コミュニケーションの濃度

```
          コミュニケーション   電話・メール
                ↓
   濃度の濃い    会　　話       会って話す
   人間関係       ↓
              対　　話       話して聞く（言葉を交わす）
```

だ。第1に人間関係を良くしていくことである。そのためには、あなたがお店の全てのパート・アルバイトとコミュニケーションをきちんと取れていることが大切である。

　コミュニケーションといってもいろいろな方法がある。図表49でわかるように、メールや電話もコミュニケーションの1つである。だが、よりコミュニケーションを良くするには会って直接話すことが大切になる。

　さらに言えば、ただ話すのではなく、対話、相手の気持ちを受け取り、自分の気持ちを伝えることが大切になる。

【面談の実施】

　辞めさせない環境をつくるには、定期的に、一人ずつと話をすることだ。言いかえれば対話することである。良い環境をつくる第一歩は、あなたが一人ひとりと良い関係を作り、きちんとお店の方針や、やってほしいことを伝える。これを定期的に行うことによって辞めさせたくなる人を生み出すことがなくなる。

　辞めさせたい人がいるというのは、結局は普段から言いたいことを言っていないことが多い。そのために定期的に全スタッフと面談を実施することだ。面談といっても難しく考えずに、お互いの気持ちを伝えあう時間と考えてほしい。

　面談の流れは図表50のようになる。

図表50　面談の流れ

1. **面談前に必ず「事前準備」をする。**
   面談時に話すことを決めておく（段取り作り）
   ①面談する人の「良い点」②面談する人の「改善点」この２つを明確にする

2. **面談時最初に「ほめる」。**
   良かった点を見つける。
   ⇒「聞く耳」を持たせる

3. **相手の話を聞く**
   聞くことは「認める」こと
   不満は聞かない⇒なぜ？「不満は限りない」

4. **やって欲しいことを伝える**
   やってほしいこと、変えてほしいことを伝える
   ⇒「提案」する、指示にしない。

5. **次の行動（目標）に対して合意する。**
   必ず「本人」に決めさせる（言われたからでは×）

6. **モチベーションをかける。**
   期待をかける
   ⇒「実行しやすくなる」

　第１段階は準備をすること。準備をせずに面談をおこなうと、ただの雑談で終わってしまう。何を話すのかを決めることだ。最低でも相手の仕事上での良い点（ほめるところ）と改善点（変えて欲しいところ）の２点を準備する。

　次に、面談を始め、最初に必ず良い点から伝えること。ほめられれば人は聞く耳を持つ。するとこの先の面談がやりやすくなる。次に相手の話を聞く。十分に話を聞いたならば、次は自分から相手にして欲しいこと、変えて欲しいことを伝える。そして、次回の面談までに何をするのか目標を相手に決めてもらう。

Ⅴ 退 職

　普段仕事しながら話をしているから大丈夫、普段からコミュニケーションがとれていると思っている人ほど面談を実施しすることだ。改まって話をする機会を設け、私の話を真剣に聞いてくれた、時間をとって話をしてくれたと相手が感じるだけで効果がある。準備して実際に面談を行ってみると、10〜15分程度で終わる。まずは話をしよう。

【問題解決面談】
　辞めさせたい人を作らないためには、いままで述べてきたように、全パート・アルバイトと話をして、話を聞く時間をつくることである。だが、いま辞めさせたい人が目の前にいる時や、話し合う環境を作っても、やはり辞めさせたいと思うパート・アルバイトができたときにどうするかをみていこう。その方法にはやはり話をすることだ。

図表51　問題解決面談の手順

手順	ポイント
1. 目的を話す	余談をしないで目的を話す！
2. 問題点を説明する	ズバリ本題に入る！
3. 相手の話を聞く	客観的に！意見と事実を区別！
4. 問題点に関して合意を得る	何が問題かを明確にし合意を！
5. 相手と解決策を決める	相手に考えさせる！
6. 相手にまとめさせる	相手に問題点と解決策を！

※1〜6を繰り返す

※1〜6を繰り返しても問題が解決されない場合

手順	ポイント
7. 問題点の解決状況の確認	事実のみを見る
8. 解決していないことを伝える	相手に事実を伝える

絶対にしてはいけないのは「いいから辞めてくれ」とか「すぐに辞めろ」と言うことである。これはどんなに感情的になってもしてはいけない。これでは余計に問題を大きくしてしまう。そうではなく問題解決の面談を行うことである。ここでは言いづらいこともはっきりと伝えることが大切になる。変に黙ってしまったり、隠したりしてしまうと先に進まない。思っていることをはっきりと伝えることだ。

　問題解決の場合、先ほどの面談と進め方が変わってくる。その方法をみていこう（図表51）。

■ STEP１：目的を話す

　まずは雑談をしないこと。**本題にズバリ入る**。**問題のみに焦点をあてて進めることだ**。例えば、遅刻が多いパート・アルバイトで考えていこう。最初に目的を話す。「遅刻の件で話があるから時間をとってくれ」と伝える。

■ STEP２：問題点の説明

　次に問題点を説明する。「○○さんの遅刻が多い。今月も３回遅刻しているよね」というように事実を正確に伝える。ここでは**自分の意見をまぜてはいけない**。

■ STEP３：話を聞く

　相手の話を聞く。この時に相手は言い訳をしてくることが多いが、全てを聞くことだ。ここでは反論しても意味がない。

■ STEP４：問題点に合意する

　話を聞いた上で、もう一度問題点を伝える。「でも今月３回遅刻したよね」。この問題点について相手と必ず合意する。この時にやはりSTEP２と同様に、事実のみを伝えることである。

■ STEP 5：解決策を言わせる

　問題点に対して合意を得たならば、次に相手に解決策を考えさせる。相手が黙ってしまうと、こちらがついついこうしたら良いと指示してしまう。それでは結局変わらない。**本人に考えさせて、本人に言わせるから効果がある。**

　遅刻の場合「どうすれば遅刻しないと思う？」と質問して、それに答えてもらうこと。絶対にこちらから解決方法を言ってはいけない。人に言われたことは実行に移しにくい。どんなに言いたくなっても我慢し、相手に言わせる。

■ STEP 6：相手にまとめさせる

　最後にもう一度相手に今回の問題点と解決策を言ってもらい、**面談は終了**となる。問題解決の面談は、先ほどの面談と違って時間がかかるので、十分に時間をとって行うことだ。また、はっきりと言いにくいことを伝えることだ。ただし、その人の人格を否定するものであってはいけない。

　このSTEP1〜6までを最低でも2〜3回行い、本人に変えるチャンスを与えることが大切である。だが、何回も繰り返しても変わらない場合は次の段階にすすむ（図表51）。

【問題が解決しない場合】

■ STEP 7：問題点の確認

　再度面談の機会をもったならば、最初に問題点を確認する。「今月も2回遅刻しているよね」と伝えることだ。

■ STEP 8：問題が解決していないことを伝える

　繰り返しチャンスを与えても変わらなかった場合には、変わっていないことを本人に伝える。「遅刻しないと約束したのに、今月も2回遅刻しているよね」と**再度事実を伝える**ことである。そして、相手が「次こそは遅刻しないようにします」と言っても、繰り返し問題点と問題が解決していないこと

を伝えることだ。

　ここでさらにチャンスを与えるかどうかはあなた次第である。もし、次回のチャンスを考えないならば、問題点と問題が解決していないことを繰り返し伝え、相手にどうするか決断させることである。

《まとめ》

　辞めさせたいと思う人がいるならば、まずはお店の状況を振り返ってみることだ。特にあなたが周りのスタッフの話を聞いているか、あなたの意見を伝えているかを考えてみる。

　辞めさせたい人が悪いのではない。辞めていく人をつくり出す環境が悪いのだ。もし、辞めさせたい人がいるならば、絶対に「辞めて欲しい」と言ってはならない。問題解決面談を行い、繰り返しチャンスを与えることだ。

　大切なのは店舗に良い環境をつくることとチャンスを与え改善させることである。

《ポイント》

ポイント1：辞めさせたい人を作らない環境をつくる
　辞めさせたい人を作らない環境をつくること、そのためにはあなたが積極的に全スタッフと話す機会をつくること。関係がつくれていなければ、あなたが望む方向には持っていけない、辞めさせたい人を複数生み出すことになってしまう。

ポイント2：面談を通して変えて欲しいことを伝える
　本人に何も伝えないのは本人に対して失礼である。本人は深刻に考えていないかもしれない。まずは相手に今の状況や変えて欲しいことを伝えること。あなたが心の中で思っているだけでは相手には伝わらない。

Ⅴ　退　職

> **ポイント3：辞めさせたい人でもチャンスを与える**
>
> 　辞めさせたい人であっても変えるチャンスを与えることです。最初からあきらめてはいけない。変えるチャンスを与えたならば変われるように支援する。
> 　辞めさせる前にどうすれば辞めなくても良い状態になるのかをあなたも考えフォローする。

> すぐに使える簡単ツール：フィードバックカード
> **「提案を通してパート・アルバイトに気づきを促す」**

目的（何のためのツールか）
　◇スタッフのレベルアップ

メリット（使うことでどのような効果があるのか）
　◇良い点を伝えることでモチベーションアップ
　◇変えて欲しいことを伝えられ、気づきを促す

　店舗で仕事をする上で辞めさせたい人が出てくる場合があります。それはあなたが望んでいることを相手がしてくれないことから起こることが多いのです。そこで普段からやって欲しい、変えて欲しいことを皆に伝えることも大切なのです。

　また、パート・アルバイトに限らず、自分が行ったことに対して何かしらの評価（反応）が店長からあると嬉しく感じます。まったくの無反応であればやる気も失せてしまいますし、次に何かチャレンジしてみようという気持ちにもなりにくいものです。

　この「フィードバックカード」（図表52）は行動や実行したことに対してこちら側から評価（反応）するカードです。

　活用法は仕事が終了した段階で、今回の「機会点」＝「良かった点と継続して続けて欲しいこと」と「提案」＝「もっとこうすればさらに良くなること」を書いて相手に渡すというものです。

　渡す際には必ず口頭で伝えてから、記入したカードを渡すようにします。こうすることで、今回自分の良かった点と改善する点を把握することができるのです。

　もらった方は、これからどうしていけば良いのかがわかるので、次の行動につながります。これが結果的に相手に変化を促すことができるのです。つ

Ⅴ　退　職

まり、辞めさせたい人をつくりださないことになるのです。
　変えて欲しい点は、あなたの心の中に留めるのではなく、直接相手に伝えるようにしましょう。カードを渡す時にただ単に渡すのではなく、必ず口頭で伝えてから渡すと効果があります。

図表52　フィードバックカード

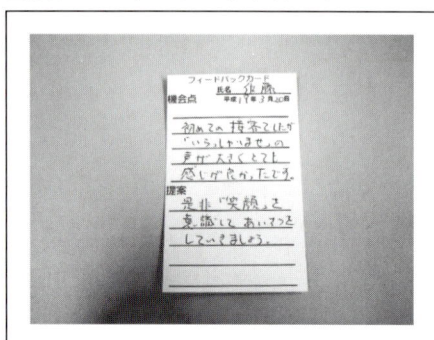

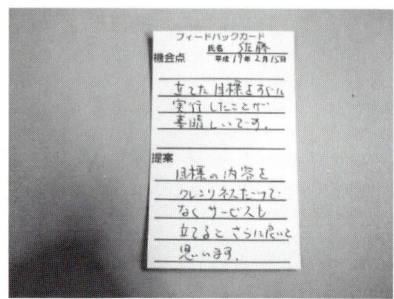

ファイルを購入し
各自からもらったフィードバックカードをまとめておくと、後で読み返すことができ行動することの手助けになります。

《ポイント》

1 実行したことに反応する

　パート・アルバイトをはじめ誰かが何かをした際には必ず反応するようにします。行動したことに対して何かしらの反応があるととても嬉しいものです。反応があるから次も新たなことに取り組もうとか今やっていることをさらに良くしていこうという気持ちになるのです。

2 習慣にする

　相手の良い点を伝えるのと提案することは役職を問わず、また、さまざまな場面で必要になります。ぜひこの「フィードバックカード」を最初の一歩として、良い点を伝えるのと提案する習慣を身につけてください。あなた自身も大きく成長します。

Ⅵ 超短期育成

~パート・アルバイトを短期間で
戦力にするために~

9 パート・アルバイトを1週間で戦力にする「超短期トレーニング」

　パート・アルバイトを採用をしたならば、できるだけ早く戦力になってもらいたいと誰もが思うだろう。それは新人パート・アルバイトの成長度がお店のレベルとなり、そのレベルがお客様の満足、客数・売上の鍵となるからだ。
　採用したならば、すぐにトレーニングを実施する。また、トレーニングを通して採用したパート・アルバイトの意識を高めていくことも合わせて行っていくことで、より良いお店になっていく。

《基本的な考え方》
【はじめに】
　店舗にとって大切なことは、当然のことながら人を確保することである。必要としている人数が揃っていなければ業務に大きく支障をきたし、お客様に迷惑をかけてしまう。そのためには、人が集まったならば、または集めながらでも初期トレーニングを行うことである。
　図表53をチェックしてみよう。該当する箇所があるならばもう一度お店のトレーニングを見直す必要がある。計画的に人を採用し、トレーニングも十分積んだ上で店舗で働くようにする。
　だが、それもままならない場合、短期間であってもトレーニングする必要がある。また、入社時に何をして良いのかが分からなければ、私たちの望んでいる働きをしてくれないどころか、すぐに辞めてしまう。何らかの形でトレーニングを実施することは、パート・アルバイトにとってうれしいことで

9 パート・アルバイトを1週間で戦力にする

図表53　チェックシート：当てはまるところに○をつけてみましょう

1	十分な初期トレーニングをしていない	
2	仕事を覚えるまで時間が掛かっている	
3	教える人がいない	
4	忙しくて教えられない	
5	成長が遅いと感じる	
6	人が少なくて教えられない	
7	教えたい気持ちはあるがなかなか時間がとれない	
8	お店に入ってから1カ月で辞める人が多い	
9	結果的に見て覚える形になっている	
10	トレーニングしている時間がない	

※○が1つでもついたならば、改善することで、トレーニングを通して、今以上に短期育成ができます。

あり、それが意識向上へとつながるのだ。また、教えてもらえるということは自分を店舗の一員として認めてもらっていることとつながっていき、トレーニングを実施することで意識を高めることができる。

【超短期でトレーニングを行うために】

　短期間でトレーニングを実施するためには、あれもこれもと一度に詰め込まないことである。どうしても私たちは目標を高く持ち、さまざまなことを覚えて欲しいと考えてしまいがちだ。ところが、これでは結局、中途半端に終わることが多い。

　大切なのは一定期間できちんとトレーニングがされているパート・アルバイトを揃えることである。

　では、何を教えて何ができればよいのだろうか。それはお客様に不満を与えないレベルにすることである。短期間で教えることは来られたお客様が不満に感じない最低限のレベルにすることである。

　特に年末年始、夏休みなど繁忙期は売上、客数とも大きくなる。ということはお客様にお越しいただけるということである。この時期の接客・商品

Ⅵ　超短期育成

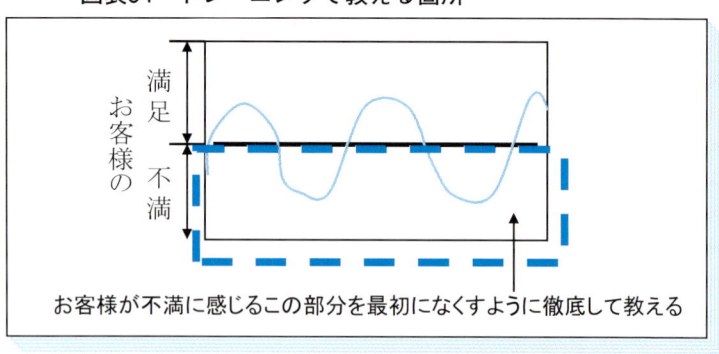

図表54　トレーニングで教える箇所

お客様が不満に感じるこの部分を最初になくすように徹底して教える

力・清掃・清潔がお客様に対して良くも悪くも印象づけてしまう。その後の客数・売上に大きく影響する。

　私たちがなんとか頑張ってピークを乗りきることが大切なのではなく、お客様が来店されたその時に、どのように感じたかが大切なのである。来店されたお客様が店舗で不満を感じると店舗から離れてしまう。それだけでなく、悪い口コミをしてしまう。せっかく人を揃えお客様を迎え入れても店舗で不満を感じさせてしまったならば台無しになってしまう。

　つまり、短期間でトレーニングする項目は「お客様に不満を与えない」ことに絞るべきなのである（図表54）。

【教える内容を決める：超短期トレーニングシート】

　短期間で結果を出すには、お客様に不満を与えないことだけを教えることに絞りこむことである。つまり、基本中の基本のみにすることだ。そのためには何を教えればよいのかを整理しよう。

　付箋紙を用意し、やってほしいことを洗い出す。付箋紙1枚につき1つずつ書いていく。例えば「入り口に来られたらあいさつをする」「客席のチェックをする」「欠品、空いている棚をなくす」といったように書く（図表55）。

① 付箋紙を整理する。身だしなみ・あいさつ・品出し・売場づくり・レジ操作など大きな項目にまとめていく。

図表55

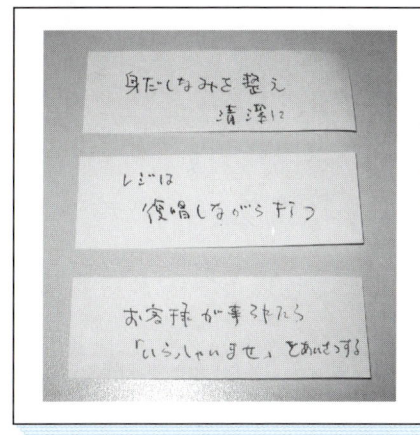

付箋紙には思ったことを書き出す。ここで選択しようとするとなかなか書けないのでとりあえず思いついたことから書き出す。

② 項目と具体的にして欲しいことを1枚の表にまとめる（図表56）。この表はできるだけ単純にする。

1枚に整理しておくことが大切である。最初にトレーニングするときに覚えて欲しい全体像があるかないかでは意識も変わってくる。まずはあいさつができるように、次にレジが打てるようにと伝えていくのでは教える側がわかっていても、教わる側が全体像（自分が学ぶこと）がわかりにくいため、やる気や意識にマイナスに影響してしまう。超短期トレーニングシートを用いることで、教わる側に全体像を見せ、自分が何をしなければならないのか、ゴールはどこなのかを伝えることができる。

【トレーニングシートを活用する】

超短期トレーニングシートを作成したならば、実際に活用していこう。トレーニングシートは教わる人本人に持たせる。そして、教えたならば教えたの欄に教えた人の名前と日付を記入する（図表56）。

次に、その項目を理解したならば教わる側が自分で名前と日付を記入する。こうすることで教えた、教わっていないということがなくなり、無駄な時間を使わなくてすむ。

Ⅵ 超短期育成

図表56 超短期トレーニングシート

【飲食店例】

❶教えた人(トレーナー)が名前と日付を記入する
❷教わった人(トレーニー)が理解したならば名前と日付を記入する
❸教えた人(トレーナー)ができたと判断したならば名前と日付を記入する

項　目	No	具体的な内容	教えた	理解した	できた
フロアー	5	客席・トイレチェックができる			
フロアー	6	テーブル・いすをきれいに拭くことができる			
洗い場	7	お冷グラス、灰皿をきちんと洗い揃えることができる			

※目標とする期日を記入すると到達が早まる

【小売店例】

❶教えた人(トレーナー)が名前と日付を記入する
❷教わった人(トレーニー)が理解したならば名前と日付を記入する
❸教えた人(トレーナー)ができたと判断したならば名前と日付を記入する

項　目	No	具体的な内容	教えた	理解した	できた
お客様	1	お客様へあいさつができる			
品揃え	2	時間内に商品を出すことができる			
掃除	3	入り口の掃除チェックができる			

※目標とする期日を記入すると到達が早まる

　そして、最後にできたかどうかを教える側が確認する。こうすることで教え忘れや重複して同じことを教えることがなくなるのだ。
　さらには、次の出勤日には何を教わるのかを決めて、それを出来る欄に日付を書くことである。何をしなければならないのか、そしていつまでにするのかと、期日を設けることで、仕事を教わる姿勢が変わってくる。

【トレーニングする時間がない、人がいないと言う前に】

　実際にトレーニングをしていく際に、時間がない、人が足りないというこ

とを理由に疎かになってしまうことがある。その時には仕方がないと諦めるのではなく、次の4つのことを実施して欲しい。

■意図的な提示を行う

　今日は何を学んで欲しいのかを明確にしておくことである。なんとなく、これをやってもらおうとか、来たら考えようではなく、確実に決めておくことである。

■理由を説明する

　やり方を教えたならば、なぜそうするのか、そうしなければどうなるのかという理由をきちんと説明することである。

　なぜ、あいさつが大切なのか、なぜお札の向きが大切なのか、といったことを具体的に説明しておくと、繰り返し同じトレーニングをすることが少なくなる。また一度身に付けたものは継続するようになる。

■中間フォローアップを行う

　教えて、理由を説明したならば、実際にやってもらう。その時に付きっきりで教えることができないならば、ひとりでやらせる。その場合には必ず15分〜30分置きにはできているかどうか（ポイントを守れているかどうか）の確認を行うことである。そうしないと、違うやり方が染み付いてしまうことがある。

■評価する

　仕事が終わったならば、仕事に対する評価を一言でも返すようにする。この一言があるかどうかで短期トレーニングが成功するかどうかが決まってくる。評価は必ず良かった点から伝えることである。最初に良い点を伝え、その後で改善点を伝えると相手に伝わりやすい。

　評価は難しく考えずに、一言、二言声を掛けるだけで十分である。ただし、ポイントは良い点や、ねぎらいの言葉である「ありがとう」「助かったよ」から掛けることである。その後にやって欲しいこと、変えて欲しいことを伝える。

　この評価があるかないかで各自のモチベーションや、やる気にも大きく影

Ⅵ　超短期育成

響してくるだろう。

【入社時に行う自分がすることカード】

トレーニングについて見てきたが、採用後のオリエンテーションの時にしてもらいたいことがある。それはお客様に不満を与えないために自分自身が何を意識して行動するかを本人に言わせて、最初に意識させることである。

オリエンテーション時にパート・アルバイトに「あなたが飲食店・小売店に行って嫌な思いをしたことがありますか？」と質問をしてみよう。するとほとんどの人があると答える。「その時に嫌な思いをしたのはどんなことでしたか？」とさらに質問する。すると相手は具体的に「挨拶をしてくれな

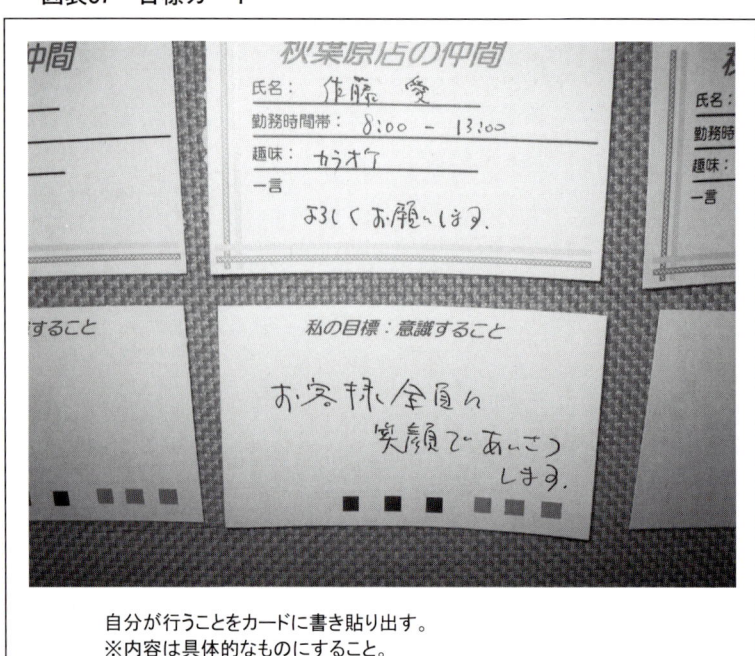

図表57　目標カード

自分が行うことをカードに書き貼り出す。
※内容は具体的なものにすること。
　例えば「接客を良くする」ではなく「お客様全員にあいさつをする」などできているかどうかがわかるようにする。

図表58
時間帯チェック表（飲食例）　平日

時間帯		意識すること			
		誰が	何を	どうする	どのレベルに
昼	11:00〜15:00	客席担当	お茶・お冷を	提供する	お客様が来られたらすぐに
		客席担当	いらっしゃいませありがとうございます	徹底する	お客様全員に特に店舗に入られたお客様に
		レジ担当	お見送りのあいさつ「ありがとうございました、またお越しくださいませ」を	徹底する	お客様全員に
夕方	15:00〜17:00	客席担当	床の掃除を	実施する	ルール通りに
		客席担当	トイレの清掃を	実施する	ルール通りに
夜1	17:00〜20:00	客席担当	お茶・お冷を	提供する	お客様が来られたらすぐに
		客席担当	お客様の靴を	並べる	お客様全員に
		客席担当	料理提供を	早くする	10分以内
夜2	20:00〜22:00	客席担当	料理提供を	早くする	10分以内
		レジ担当	お見送りのあいさつ「ありがとうございました、またお越しくださいませ」を	徹底する	お客様全員に

※毎回必ず見て、その時間に徹底することを意識しましょう！

※時間帯ごとに特に注意してもらいたいことのみを書き出す。
　項目は多くても3項目にすると意識しやすい。

時間帯チェック表（小売例）　平日

時間帯		意識すること			
		誰が	何を	どうする	どのレベルに
昼	10:00〜15:00	品出し担当	棚チェック	徹底する	棚が全て埋まるように
		品出し担当	バックヤード	整理整頓する	段ボールは全て片付ける
		レジ担当	レシート渡し	徹底する	お客様全員に
夕方	15:00〜17:00	品出し担当	棚チェック	徹底する	棚が全て埋まるように
		レジ担当	レシート渡し	徹底する	お客様全員に
夜	17:00〜21:00	品出し担当	棚チェック	徹底する	棚が全て埋まるように
		レジ担当	笑顔でのあいさつ	徹底する	お客様全員に
		レジ担当	レシート渡し	徹底する	お客様全員に

※毎回必ず見て、その時間に徹底することを意識しましょう！

※時間帯ごとに特に注意してもらいたいことのみを書き出す。
　項目は多くても3項目にすると意識しやすい。

かった」「見て見ぬふりをされた」と返ってくるだろう。

お客様が不満に感じることは大きなことではない。当たり前のことが当たり前にできないだけなのである。

そこで「では、あなたはお店で働くに当たって何に注意しますか？ またはどうしていきますか？」と再度質問する。すると、「私は笑顔で接客します」「私語はしません」「入り口に来られたお客様に挨拶します」と、すんなりと答えがでてくる。それを紙（自分がすることカード）に書いて貼り出す（図表57）。そして、最初の店舗スタッフへの紹介の際に、本人に自己紹介と意識することを宣言させる。たったこれだけでも入社したパート・アルバイトの意識や行動に大きな差がでてくる。

何も考えないで仕事をするのと、自分自身がお客様に不満を感じさせないために具体的にどうするかを意識して仕事をするのとでは、まったく違ってくる。ちょっとしたことでも意識を高めてお客様に接することができる。先ほど述べた短期間トレーニングシートを作成するのが難しい場合には、この「自分がすることカード」だけでもやらせてみよう。結果は大きく変わってくる。

【時間帯チェックシート】

私たちは経験上、その時間に注意しなければならないことを知って行動している。ただ、新人パート・アルバイトではなかなかそこまで気づかない。そこで、時間帯ごとにお客様に不満を与えないために注意することを貼り出す。時間帯によってポイント（やって欲しいこと）を貼りだし（図表58）、出勤時にそれを音読してから入ることである。これを行うことで先ほどの宣言と同様に意識して行動することができる。

《まとめ》

店舗にとってはいかなる場合でも、お客様に不満を与えない状況をつくれるかどうかがポイントである。例え、それが新人パート・アルバイトであっ

てもだ。

　そして、パート・アルバイトに対しては、お客様に不満を感じさせないことをやってもらうとともに、やる気をもたせることがポイントである。この2つを実現するにはトレーニングを実施することである。

　時間がない、人が足りないと言う前にトレーニングを実施しよう。トレーニングは難しく考えずに、今まで見てきたことを行うと大きな効果がでる。全てを行うのが望ましいが、難しいようであれば、どれか1つだけでも実施することをお勧めする。これはお店のためでもあり、パート・アルバイトのためでもあり、何よりもお店に来られるお客様のためである。

《ポイント》

1　トレーニング項目は単純にする

　　お客様が不満に感じれば店舗から遠のいてしまう。まずはお客様に不満を与えない状態をつくること。そのために、トレーニングは最低限やってほしいことに絞り込む。

　　また、何かツールを使う時には、あれもこれもではなく、できるだけシンプルにすること。複雑では活用しにくいし短時間ではパート・アルバイトは吸収できない。

2　流れにする

　　トレーニングについて自店舗に合わせた流れをつくる。オリエンテーション時に自分がすることをカードに書いてもらう、その後はトレーニングシートに基づいてトレーニングする。

　　トレーニング終了後は評価をするなど、流れにしていく。

3　実行する

　どんなこともやらなければ意味がない。今回の内容で全部を実行しようとするのではなく、1つで構わないので、まずやってみよう。

　実行することで結果が出る。やれない（やらない）理由はいくらでも見つけることができるが、まずはやることだ。

すぐに使える簡単ツール：目標カード
「短時間で新人パート・アルバイトを戦力にするツール」

目的（何のためのツールか）
　◇新人スタッフの意識を高める

メリット（使うことでどのような効果があるのか）
　◇仕事を早く覚えてもらうことができる
　◇スタッフのやる気を高められる

　旅行に行こうと思い立った時、ほとんどの人は「行き先」を決めるでしょう。例えば「札幌に行こう！」と決め、その後に行き方、つまり、飛行機で行くのか列車で行くのか車で行くのかを決めていきます。

　ところが、仕事になるとパート・アルバイトに行き先（目標）を決めさせず、やみくもに行わせていることが多いのです。これではいつまでたっても先には進みません。どこを目指していいのか分からないままですから、無駄に時間だけを過ごしていくことにもなってしまいます。まず行き先を明確にすることです。

　そのときに活用して欲しいのが、この「目標カード」です。

　各自で仕事の目標を設定してもらうのです。ここでのポイントは本人に設定させることです。お店からの設定では「やらされている」「無理やり決められた」という気持ちが働き、なかなか達成しにくいのです。できるだけ本人に決めさせることです。

　また、目標を書く時の注意点は「具体的な内容」にすることです。「具体的な内容」であればあるほど達成する可能性が高まります。旅行でも「北海道に行こう」というよりは「札幌に行こう」と決める方が分かりやすいのです。「接客を良くする」よりも「お客様全員にあいさつをする」のほうが行動しやすくなるのです。「接客を良くする」という目標が出てきたならば質

Ⅵ　超短期育成

問していきましょう。「具体的に良い接客とは、どんなこと？」と具体的な内容になるまで繰り返し聞くことです。

　この「目標カード」は、事務所などの皆の目につくところに貼り出しましょう。そして、朝礼等を活用し、毎回この目標を皆の前で発表させるのです。目標を掲げるだけでなく、繰り返し言ってもらうことにより達成度合いが高まります。

　最後に1ヶ月経ったときに本人に結果を発表してもらいます。そして、あなたからは評価を伝えましょう。このことを繰り返すだけで、短時間で新たなことができるようになるのです。

図表59　目標カード

写真の脇に貼り出す

《ポイント》

1 **目標を決め貼り出す**

　目標（行き先）が明確でないと1ヶ月をなんとなく過ごすことにもなりかねません。

　毎月目標を決めてもらうことです。決めた目標は見えるところに貼り出し、常に目に止まるようにします。繰り返し見るたびに目標を意識するようになるのです。

2 **目標は本人に決めてもらう**

　目標はあなたが与えるのではなく、本人に決めさせることです。

10 店舗ルール
「新人パート・アルバイトをトレーニングし売上アップをはかる」

　店舗を取り巻く環境はいつでも厳しいものである。仕入れの高騰、人材不足、競合の増加、それにともなう客離れ等々、悪い状況をあげたらキリがない。

　では、私たちは周りの状況に流されていてよいのだろうか。今の状況でもできることを確実に行うこと。厳しいからこそ自分たちで積極的に取り組んでいくことが大切である。特に新人パート・アルバイトに対してのトレーニングが、お店のレベルに大きく影響している。

《基本的な考え方》

【はじめに】

　私たちは売上が上がらない理由をいくらでも見つけることができる。あなたに売上の上がらない理由をあげなさいと言ったらいくつもあげることができるのではないだろうか。利益予算を達成しない理由をあげなさいと言っても同じようにたくさんあげることができるだろう。

　外部環境が厳しいのだから「仕方がない」「ムリだ」「難しい」と言っていても意味がない。そんなことを言っても誰も楽しくない。仮にあなたが売上アップをあきらめているのならば、それは店舗の他スタッフにも伝播し、ますます売上が上がらなくなってしまうだろう。まずはあなたの気持ちを変えることだ。

　図表60のチェックシートをつけてみよう。該当する箇所があるならば、気持ちを入れ替えることだ。あなたがあきらめれば誰も行動しない。その結果、何も変わらないどころか悪化していく。できることから取り組んでいこう。

10　店舗ルール

図表60　チェックシート：当てはまるものに○をつけましょう

1	新人パート・アルバイトのトレーニングができていない	
2	何を新人パート・アルバイトに教えたら良いかわからない	
3	このままの状態では売上は絶対にあがらないと思う。	
4	売上の上がらない理由を10以上言える。	
5	ムリ、むずかしい、できないが口癖になっている。	
6	店舗のパート・アルバイトも皆売上はあがらないと思っている。	
7	売上アップのための具体的なトレーニングをしていない。	
8	トレーニングよりも日々の営業に流されている。	
9	トレーニングする時間よりも日々の営業が大切だと思う。	
10	自分の力ではどうしようもないと思っている。	

※1つでも該当するならばもう一度気持ちを入れ替えまえしょう。
　あなたがあきらめたならば絶対にお店はよくなりません。

【売上を上げるために】

　売上をアップさせたいと誰もが思っている。ただ、いろいろ行動してもなかなか売上に結びつかない、またはどう行動してよいのかがわからないということもあるだろう。

　まず考えて欲しいことは、店舗の売上を誰がもたらすのかということである。売上をもたらすのはお客様である。お客様の来店数が増えれば売上も上昇傾向になる。はじめてお店に来られたお客様に二度、三度と来店してもらい、またいつも来られているお客様にも来てもらえれば、自然と客数は増え、売上も上がっていくことになる（図表61）。

　ところが現実はなかなかうまくいかない。それはなぜだろうか。あなた自身もう一度考えて欲しい。

　今まで飲食店や小売店に行って不満を感じた時、その不満を感じた内容とはどんなことだろうか。その時にそのお店にもう一度行きたいと思ったか。不満を感じた内容を店員に伝えたか。不満に感じたことを何人に話したかを図表62に整理してみよう。

　整理して何か気付いたことはないだろうか。お客様が来られなくなる理由

Ⅵ 超短期育成

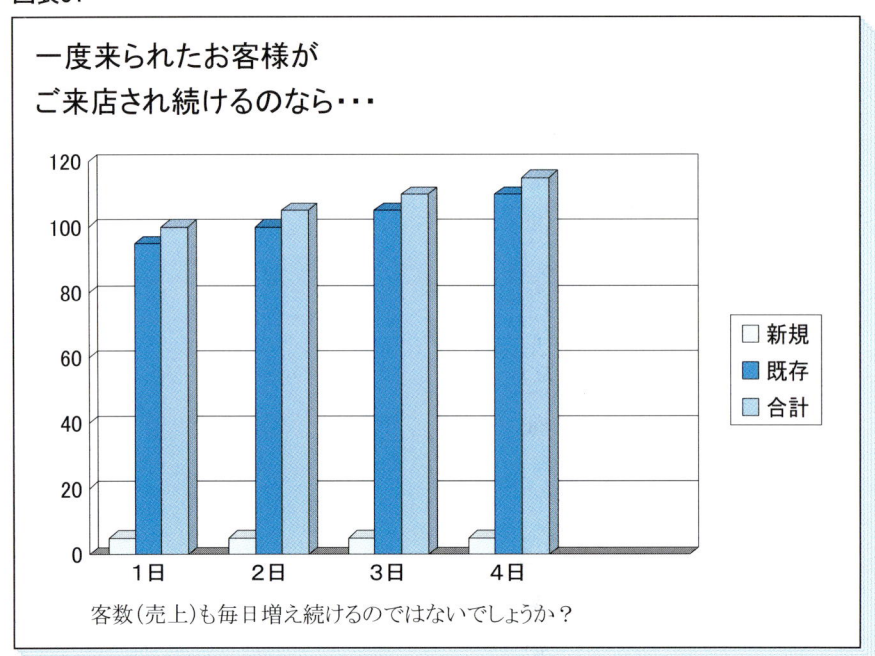

図表61

**一度来られたお客様が
ご来店され続けるのなら・・・**

凡例:
- □ 新規
- ■ 既存
- ■ 合計

（1日～4日にかけて、既存・合計が毎日増加する棒グラフ）

客数(売上)も毎日増え続けるのではないでしょうか？

図表62

不満に感じたこと	もう一度行きたいと思いましたか？	従業員に伝えましたか？	他の人に伝えましたか？
①			
②			
③			
④			
⑤			

例） レジで待たされた
　　呼んでも店員が来なかった等

は「店舗で不満を感じた」からである。しかも、その不満は特別なことではない。店舗で「当たり前のことが当たり前にできていない」からである。

　反対に来店されたお客様に不満を感じさせなければ客数はまだまだ増えていく。それは売上がアップする可能性があるということだ。特に入店したばかりの新人パート・アルバイトに徹底して教育することで、それを防ぐことができる。

【不満を感じさせないために】
　お客様が店舗で不満を感じれば客数に影響する、その結果、売上にも影響していく。そして注意が必要なのは、不満に感じたお客様は「口コミ」をす

図表63

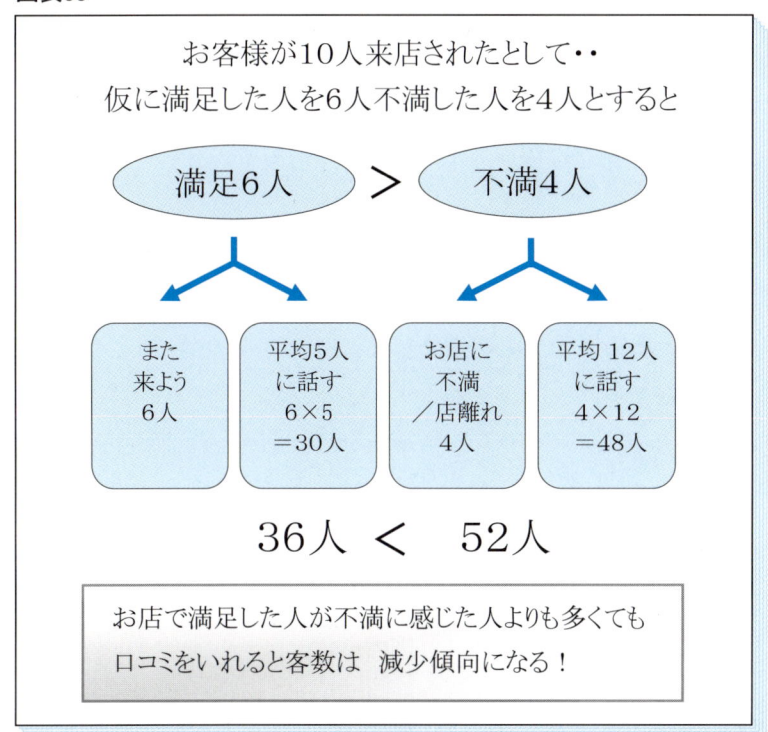

お客様が10人来店されたとして‥
仮に満足した人を6人不満した人を4人とすると

満足6人　＞　不満4人

| また来よう 6人 | 平均5人に話す 6×5＝30人 | お店に不満／店離れ 4人 | 平均12人に話す 4×12＝48人 |

36人　＜　52人

お店で満足した人が不満に感じた人よりも多くても
口コミをいれると客数は　減少傾向になる！

ることだ。店舗での不満が大きければ大きいほど誰かに言いたくなる。あるデータによると、良い口コミは平均4～5人、悪い口コミは平均12人である。つまり、良い口コミよりも悪い口コミの方が広まりやすい。それは友人かもしれないし職場の人かもしれない。また、家族や近所の人など口コミをする場面はさまざまなところにある。悪い口コミを聞いた人はお店に行ってもいないのにそのお店を嫌いになってしまう。これが客数をさらに減少させ、売上を下げる要因になる（図表63）。

店舗では不満を感じさせないようにすることだが、ただこれは、あなた一人ができれば良いのではない。新人パート・アルバイトだけでなく店舗パート・アルバイト全員が常に当たり前のことを当たり前にできることが重要である。そのために不満を感じさせないために意識して行うことを簡単なルールにしていこう。

【店舗ルールの作成】
まずは、あなたのお店全員が当たり前のことが当たり前にできるようにしていこう。そのためには店舗のルールを作り活用することだ。

《STEP１：ミーティングの開催》
最初に何をしなければいけないのかルールをつくることである。ここでのポイントはあなた一人で作らず全社員と一緒につくるということだ。できるだけ多くのベテランスタッフを巻き込むことである。

そのためにまずはミーティングの時間を設けよう。時間は１時間程度で構わない。ここで多くのベテランパート・アルバイトを呼べるかどうかがポイントである。そして、開催する際に今回の目的を伝えよう。よりよいお店にするために皆の意見を聞きたいと今回の主旨を伝えることである。

《STEP２：基本的な考え方を共有する》
ミーティングを開催したならば、次に行うことは全員に今まで利用した飲

食店や小売店で不満を感じたことはないかを書き出してもらおう。先ほど整理してもらった図表62を活用し、参加者にも書き出してもらう。こうすることでお客様に不満を与えると客数に影響すること、悪い口コミによりさらに客数に影響すること、その結果、売上が下がることに気付いてもらうことができる。

　大事なのは、当たり前のことが当たり前にできていないことにお客様が不満を感じていることに気づかせることだ。

《STEP３：不満を感じさせない行動を洗い出す》
　次に自分のお店に置き換えた時にどうすれば良いのかを発表してもらう。その際には一人ひとりにどうしたら良いのかを紙に書いてもらうことだ（図表64）。

図表64

不満を感じさせないために
①
②
③
④
⑤
⑥
⑦
⑧
⑨
⑩

いきなり発表してもらうと一人の人の意見に左右されたり、同じ意見が続いたりすることになってしまう。これではミーティングの意味がない。まずは書いてもらう。そして発表してもらうことで、さまざまな意見を聞きだすことができる。

《STEP４：不満を感じさせないことを整理する》
　いろいろ出してもらった内容を整理しよう。先ほど出してもらった意見の中から、すぐに取り組む10項目を抜き出す。これは店舗内で、できていない人が多く、お客様に影響を与える項目から５〜15項目程度選びだす（図表65）。
　項目はできれば15項目以内に絞りこむこと。あまり多くしてしまうと整理して掲げただけで終わってしまう。

《STEP５：ルールを発表する》
　ルールを決めたならば全員に発表しよう（図表66）。のように全員にわかるところに掲示し、朝礼やミーティング、または一人ひとりに声を掛けて伝えることである。
　その際になぜこのルールを作成したのか（お客様に不満を与えない）も伝えるようにしよう。

《ＳＴＥＰ６：ルールを活用する》
　ルールを決めたならば活用することである。そのためにはあなたのお店にあった方法で継続できる仕組を作ってほしい。
　1　朝礼の活用：毎曜日やることを決め、朝礼や夕礼を活用して全員に意識させる。（図表67）そして、勤務終了時に今日の自己評価を聞いていく。
　2　自己チェック表の活用：勤務前にハウスルールを確認し、勤務終了後の自己チェックしてもらう（図表68）。または、ハウスルール項目の自

10 店舗ルール

分ができていないことに絞ってチェック表にすることも１つである。
（図表69）
3　店舗全体でのチェック：店舗の各時間帯ごとに、その日できたかどう

図表65（1）

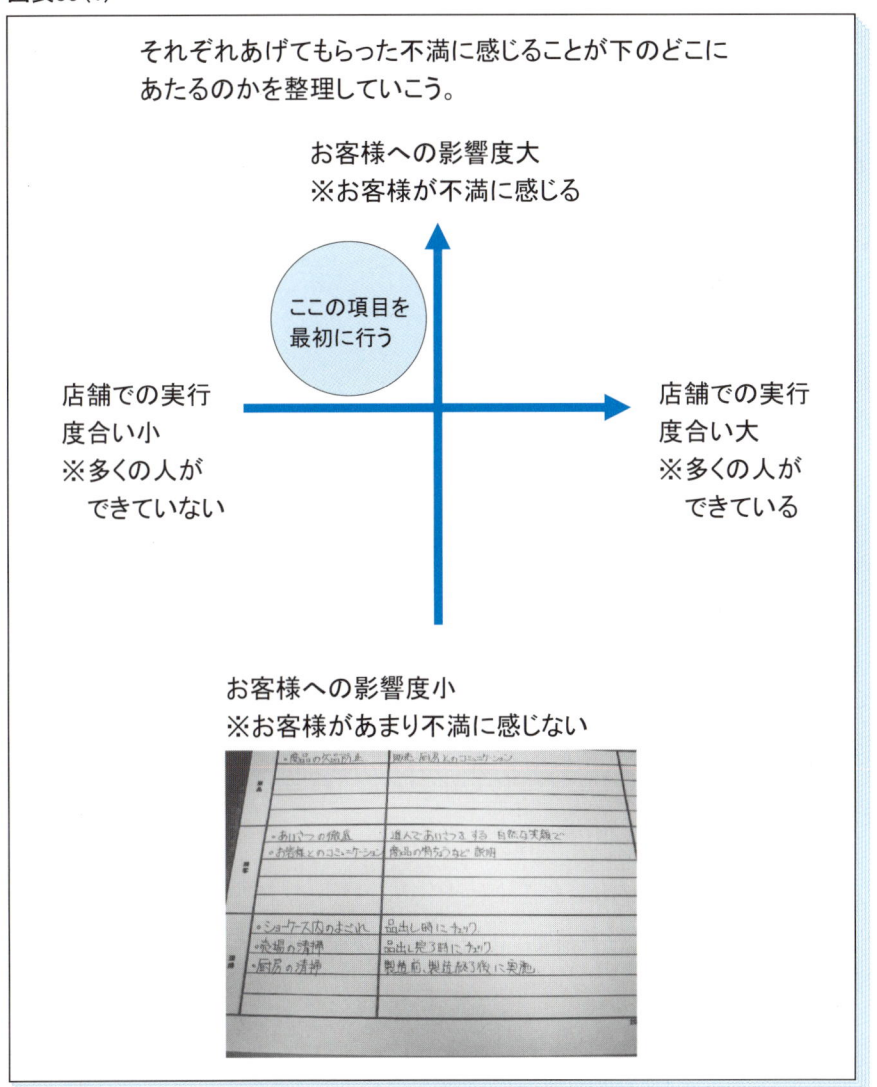

それぞれあげてもらった不満に感じることが下のどこに
あたるのかを整理していこう。

お客様への影響度大
※お客様が不満に感じる

ここの項目を
最初に行う

店舗での実行　　　　　　　　　　　　　　　店舗での実行
度合い小　　　　　　　　　　　　　　　　　度合い大
※多くの人が　　　　　　　　　　　　　　　※多くの人が
　できていない　　　　　　　　　　　　　　　できている

お客様への影響度小
※お客様があまり不満に感じない

Ⅵ　超短期育成

図表65(2)　不満を感じさせないため

お客様に不満を感じさせないためにおこなうこと	項　　目		基準・POINT
	商品		
	接客		
	清掃		

10　店舗ルール

図表66(1)

店舗ルール飲食用（見本）

下記のことを全員徹底して行います。

◆お客様には笑顔であいさつします。
◆身だしなみをよくします。
◆落ちているゴミは拾います。
◆トイレは1時間に1回チェックします。
◆冷蔵庫・冷凍庫は整理整頓します。
◆テーブルを片付けたあとはテーブル下とイスをチェックします。
◆待たれているお客様には一声掛けます。
◆お水のおかわりをおこないます。
◆料理提供を10分以内にします。
　※10分を越える時にはお客様に一声掛けます。
◆料理の盛り付けを丁寧にします。

店

店舗ルール小売用（見本）

下記のことを全員徹底して行います。

◆お客様には笑顔であいさつします。
◆身だしなみをよくします。
◆落ちているゴミは拾います。
◆店内は1時間に1回チェックします。
◆バックヤードは整理整頓します。
◆レジでは復唱します。
◆会計終了後品物の点数をチェックします。
◆お客様が並んだ時にはすぐにレジに入ります。
◆探しものをしているお客様には一声掛けます。
◆ポイントカードをお勧めします。
◆常に棚が埋まっている状態にします。

店

Ⅵ　超短期育成

図表66（2）　掲示例

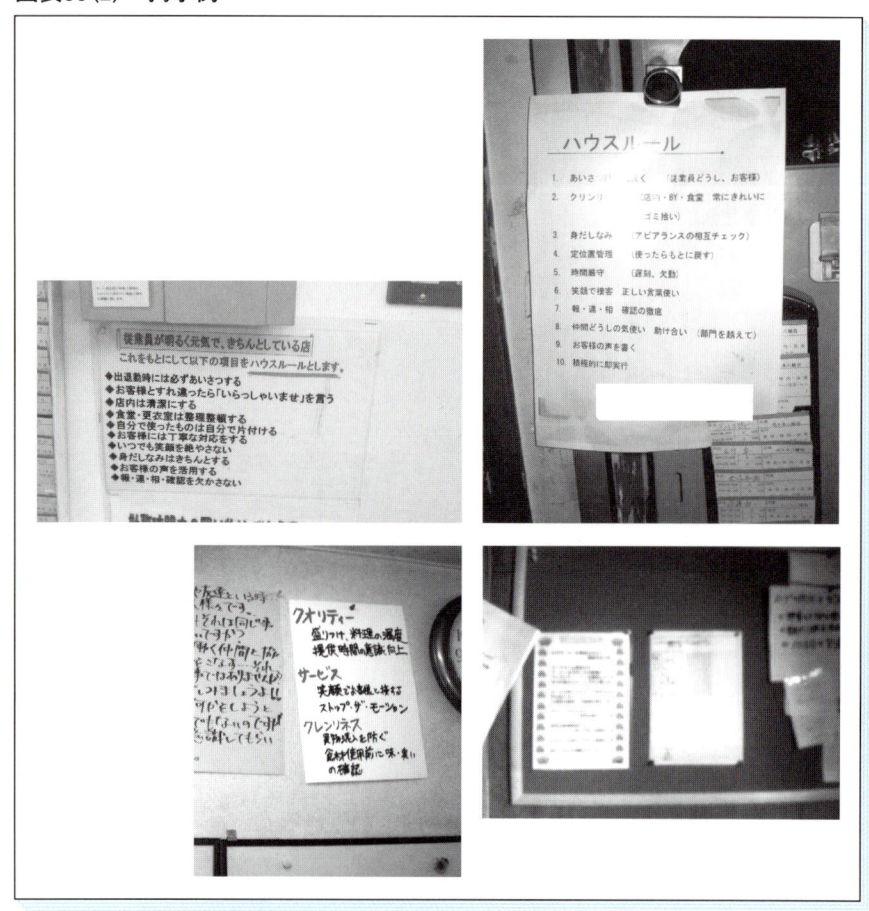

10 店舗ルール

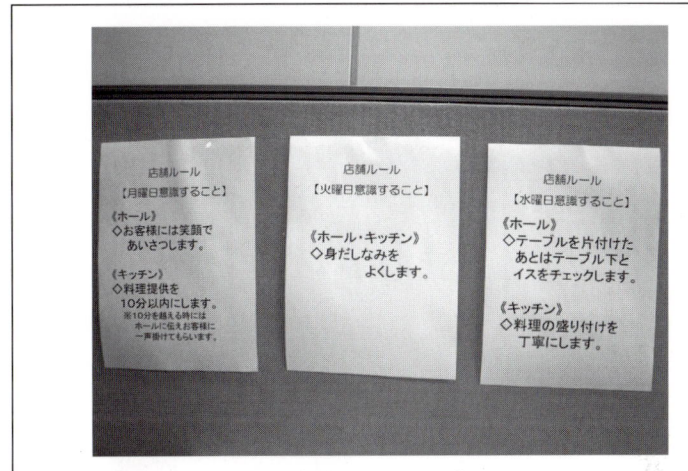

図表67

各曜日ごとにとくに意識することを決め、
朝礼等で全員に言ってもらう。

図表68

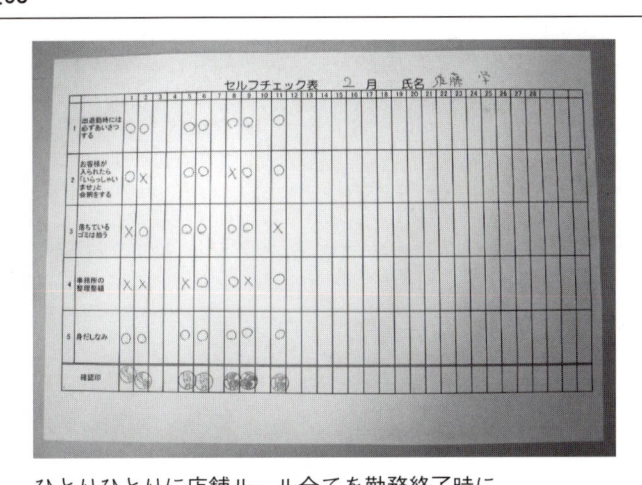

ひとりひとりに店舗ルール全てを勤務終了時に
自己チェックをさせていく
※時間の責任者が確認印を押し、本人に今日の自己評価を聞く。
※一人ひとりに常に意識させる。

Ⅵ　超短期育成

図表69

一人ひとりに店舗ルールの中で特に自分ができていない
項目を3つ程度あげてもらう。
全てを勤務終了時に自己チェックをさせていく
※時間の責任者が確認印を押し、本人に今日の自己評価を聞く。
※一人ひとりに常に意識させる。

10　店舗ルール

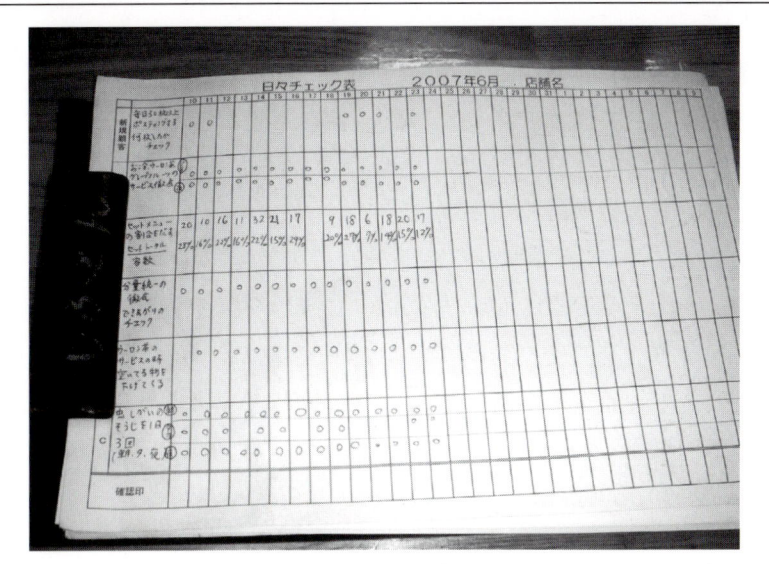

図表70

時間の責任者が自分の時間帯店舗ルールが守られていたかをチェックする。できていない人に対してはその場または後日伝えていく。

かを責任者にチェックしてもらう（図表70）。こうすることで責任者がその時間帯を守ってもらうようになる。

　大切なのはルールを決めることではない。ルールをどう活用していくかというのがポイントである。いずれのやり方をするにせよ、店長であるあなたが一人ひとりに最低でも月1回できたかどうかをフィードバックすることが大切である。

《STEP7：ルールの変更》

　ルールは半年毎に見直す。半年たった時点でできていることがあれば、その項目をルールから外し、できていないことに置き換えよう。これを繰り返すことで、店舗は1つずつ当たり前のことが当たり前にできる状態になって

Ⅵ 超短期育成

いく。

【良い循環にする】

お客様に喜ばれた時は誰でもがやる気になる。「とてもおいしかった」「よかった」「ありがとう」とお客様に声を掛けられたなら、さらにもっとよくしようと感じるだろう。

お客様に喜んでいただくためには、まずは店舗から不満をなくすことである。店舗からの不満がなくなる⇒客数が増える⇒売上アップ⇒おほめの言葉が増える⇒スタッフのやる気がアップ⇒より店舗での不満がなくなる……と良い循環をしていく。その良い循環にするためのきっかけをこの店舗ルールを通して作って欲しい。

ただし、この良い条件にするための一番のポイントは、あなたがルールを必ず守るということだ。人は言葉に反応するのではなく、行動に反応する。どんなにルールを作ろうともあなたが周りに伝えようともあなた自身がやらなければ誰もやらないだろう。

《まとめ》

売上をアップするには外部環境がどうあろうとも、まずは自分達でできることを確実にやっていくことだ。そのためには、来店されたお客様全員に不満を感じさせないようにする。不満を感じなければあなたのお店はいつまでもお店選びの選択肢に入る。反対にお客様に不満を与えればお客様は去っていくだけである。

特別なことを行うのではなく、当たり前のことを当たり前にできる仕組みを作っていこう。1つ1つの継続した行動が結果（売上）につながっていくのだ。

《ポイント》

1　皆を巻き込む

　ルールは一人ではなく皆で作る。そうすることでルールを守りやすくなる。あなたが作った物を皆で守れと言うよりは、自分たちで作った方が守りやすい。新人向けといっても全員を巻き込むことである

2　継続する仕組みをつくる

　ルールを作ったならば、それを実践し継続する仕組みをつくることである。そのためにチェックシート、朝礼やミーティングを活用して常に全員に意識させ継続していく流れを作ろう。継続するためにはあなたからの定期的なフィードバックが鍵になる。

3　あなたが実践する

　あなた自身がやらなければ誰もやらない。あなたがまずはやることである。その上で周りにやってもらうことだ。人は言葉では動かない。あなたの行動を見て周りは行動に移すようになるだろう。

Ⅶ　チェックシート

> チェックシートを記入してみよう。
> 　できていない箇所があったならば、それぞれの項目の街頭ページを読んでほしい。できていない箇所を順番に読んでも構わないし、気になるところから始めても構わない。

Ⅶ　チェックシート

チェックシート：出来ているものに○をつけてください。
　　　　　　　○をひとつでも多くつけられるようにしましょう。

		項　　目	チェック	該当箇所
採用前準備	1	リクルートの大原則「やめさせないこと」を理解している		本書12〜28頁
	2	採用計画を立てている		
	3	採用計画は毎月見直している		
	4	募集前に店舗環境チェックリストをつけている		
	5	募集前に店舗環境（受入体制）を整えている		
	6	募集前にクレンリネスチェックをしている		
	7	募集前にクレンリネスの改善をしている		
	8	パート・アルバイトでも応募の電話対応ができるようになっている		
	9	パート・アルバイトでも面接の日時がうめられるようになっている		
	10	募集後毎回記録をつけている		本書26〜39頁
	11	何の媒体でどれくらい集まっているのかを記録している		
	12	どの時期に自店の応募が効果的かを把握している		
	13	1年間通しての記録があり把握している		
募集方法	14	友人紹介をやっている		本書40〜49頁
	15	友人紹介の声掛けをスケジュールを立てて行っている		
	16	店頭告知は何のためにおこなうのか理解している		
	17	店頭告知で人が集まっている		
	18	店頭告知にコンセプトをもって作っている		
	19	欲しい曜日と時間帯を把握している		本書50〜62頁
	20	欲しい層を理解している		
	21	欲しい層がどの媒体で集まりやすいのかを理解している		
	22	募集媒体掲載の計画を立てている		
	23	集まりやすい募集の載せ方を理解している		
	24	お店の都合ではなく、応募者の視点で作成している		
面接	25	面接の重要性を理解している		本書64〜81頁
	26	面接での質問内容を理解している		
	27	面接での質問内容は統一されている		
	28	面接での質問内容は具体的で相手を見極める内容になっている		
	29	採用基準は決まっている		
	30	採用基準を面接者が皆理解している		
	31	良い人はすぐに採用している		
	32	採用時の質問がわかるようになっている		

面接	33	面接手順は決まっている		
	34	面接手順を皆が理解している		
定着	35	早期退職を防ぐ工夫をしている		本書84〜102頁
	36	店舗環境のチェックを定期的に行っている		
	37	オリエンテーションを行う理由を理解している		
	38	オリエンテーションを行っている		
	39	オリエンテーション内容が決まっている		
	40	お店でやってほしいことは整理されている		
	41	お店でやってほしいことは全員が知っている		
	42	お店でやってはいけないことは整理されている		
	43	お店でやってはいけないことは全員が知っている		
	44	フォローアップオリエンテーションのやり方を理解している		
	45	フォローアップオリエンテーションを行っている		
	46	スタッフボードを活用している		
退職	47	店舗ルールがある		本書104〜111頁
	48	店舗ルールは定期的に変えている		
	49	店舗ルールは全員が知っている		
	50	退職時に面談を行っている		
	51	退職面談を通して店舗の良い点と改善点を確認している		
	52	辞めさせたいパート・アルバイトと面談をしている		本書112〜123頁
	53	辞めさせたいパート・アルバイトに変えて欲しいことを伝えている		
	54	辞めさせたいパート・アルバイトにもチャンスを与えている		
	55	辞めさせたい人をつくらない環境を作る努力をしている		
	56	パート・アルバイトが行ったことに対して良い点をフィードバックをしている		
	57	パート・アルバイトが行ったことに対して提案している		
超短期育成	58	パート・アルバイトに教えることはお客様に不満を感じさせない行動であることを理解している		本書126〜155頁
	59	初期トレーニングの仕組みがある		
	60	初期トレーニングで教えることが決まっている		
	61	初期トレーニングのチェックシートがある		
	62	入社時に何に注意するのかを明確にしている		
	63	時間帯ごとに注意することが決まっていて皆が理解している		
	64	入社時に皆目標がある		
	65	目標に対してのフィードバックをしている		

おわりに

　シリーズの第1弾は「人の採用」をテーマに述べてきた。

　店舗で最初に大切なのは人を確保することである。人がいなければ何もできない。お客様にも多大な迷惑をかけてしまう。ところが、人がいない状況での店舗運営を余儀なくされているケースをよく見かける。人が集まる、集まらないというのは、ちょっとした差があるだけで、少しの工夫により人は確実に集めることができる。まずは人を集めることを真剣に考えてみよう。

　次に行うことは店舗に合った人を採用するために、面談でのブレをなくすことである。そのためには、採用の基準や面接手順を明確にし、全員が同じように判断ができるようにすることである。

　採用したならば、いかにお店に定着させるかが鍵になる。オリエンテーション・フォローアップオリエンテーションを実施し、リクルートの大原則である「辞めさせないこと」を徹底していく。人の安定こそがお店の安定であり、いつもお客様に満足していただけるお店を作ることができる。その結果、売上・利益につながっていくのだ。

　人を採用してもいつかは退職する時期は必ず訪れる。退職の段階まで気を配ることは、あなたとあなたのお店（会社）の姿勢が表れる。一緒に働いてきた仲間を送り出す時には、辞めた後もお客様になっていただくと思うことである。

　仮に、辞めさせたい人がいるならば、辞めさせる人を作りだす環境を改善すること。そして、辞めて欲しい人にも変わるチャンスを与えることだ。

　この第1弾は利益のピラミッドの土台にあたる。この土台をしっかりさせないことには次へつながらないだろう。本書のこの部分を疎かにしては利益・売上の確保はおろか日常の店舗運営もままならない。

　内容が基本的なことと感じた方もいるかもしれない。だが、厳しい時代だ

利益のピラミッド®

```
結果 ── Profit ──→ 利　　益
        Sales ──→ 売　　上
経営理念  Customers
企業理念  Satisfaction ──→ 顧客満足
スタンダード
        Training ──→ 教育・訓練
原因 ── Staffing ──→ 採用計画～採用
```

からこそ、基本を徹底して行える店舗・会社が生き残るのである。ぜひ本書を活用し、すべてのことができているお店にしてもらいたい。

　この内容はどれか1つ欠けただけでも意味がなくなる。すべてができて初めて土台が固まる強いお店にすることができると私たちは考えている。

　店長の実務に役立つ本をと考えて書いたのが本書である。忙しい毎日でも必要なことだけを取り出せる内容にした。また、ツールも実際に活用しやすいものだけに絞って載せている。あなたが気になった箇所や解決したい箇所だけで構わない。ぜひ活用してもらいたい。

　行動すれば必ず結果がでる。あとはやるだけだ。そして、実行すれば効果があがると確信している。

　私たちの考え方に賛同して下さったクライアントさま、関係各位の協力のおかげで、机上の空論になりがちな内容を実際に実施し、結果を出していただくことで魂の入った内容に変わり、本書を自信をもって出せることに改めて謝意を申し上げます。

2009年6月

　　　　　　　　　　　株式会社　ディー・アイ・コンサルタンツ

● 著者紹介

　　㈱ディー・アイ・コンサルタンツ

平成3年設立。成功の入り口である「高精度売上予測」と運営の要である「実力店長短期育成」を両輪としてコンサルティング活動を開始。これまでに数多くの大手飲食・小売・サービス業のチェーンに対する売上予測システム構築、売上予測調査、実力店長短期育成システム構築を行い、高い評価を得ている。

　現住所：〒101-0032
　　　　　東京都千代田区岩本町3-9-13
　　　　　日光共同ビル3F
　　TEL：03-5833-8588
　　FAX：03-5833-8589
　　　　http://www.di-c.co.jp

2009年7月17日　第1刷発行

誰もが認める実力店長シリーズ①
実力店長のパート・アルバイト採用編

　　編著者　Ⓒ　ディー・アイ・コンサルタンツ
　　発行者　　　脇　坂　康　弘

　　発行所　株式会社　同友館

東京都文京区本郷6-16-2
郵便番号113-0033
TEL 03 (3813) 3966
FAX 03 (3818) 2774
www.doyukan.co.jp

乱丁・落丁はお取り替えいたします　●印刷／三美印刷　●製本／松村製本所
ISBN 978-4-496-04561-5　　　　　　　　　　　　　Printed in Japan

本書の内容を無断で複製（コピー）、引用することは特定の場合を除き、著作者・出版社の権利侵害となります。

DIC編著「売上増大戦略シリーズ」①〜⑥

売上増大戦略シリーズ・①
新版・店舗出店戦略と売上予測のすすめ方
定価2,310円（税込）　A5判・310頁

売上増大戦略シリーズ・②
店舗改装と売上予測のすすめ方
定価2,310円（税込）　A5判・240頁

売上増大戦略シリーズ・③
実力店長になれる108のスキル
定価2,310円（税込）　A5判・272頁

売上増大戦略シリーズ・④
実力店長の12ケ月アクションプログラム
定価2,310円（税込）　A5判・304頁

売上増大戦略シリーズ・⑤
立地・商圏要因による店舗売上改善
定価2,310円（税込）　A5判・214頁

売上増大戦略シリーズ・⑥
実力店長に3カ月でなれる100stepプログラム
定価2,310円（税込）　A5判・296頁

同友館

DIC編著「誰もが認める実力店長シリーズ」①〜⑤

誰もが認める実力店長シリーズ・①

実力店長の
パート・アルバイト
採用編

定価1,680円（税込）　A5判・並製・2色刷

誰もが認める実力店長シリーズ・②

実力店長の
パート・アルバイト
トレーニング編

定価1,680円（税込）　A5判・並製・2色刷

誰もが認める実力店長シリーズ・③

実力店長の
社員トレーニング編

定価1,680円（税込）

誰もが認める実力店長シリーズ・④

実力店長の
店舗内活性化編

定価1,680円（税込）

誰もが認める実力店長シリーズ・⑤

実力店長の
売上・利益獲得編

定価1,680円（税込）

同友館